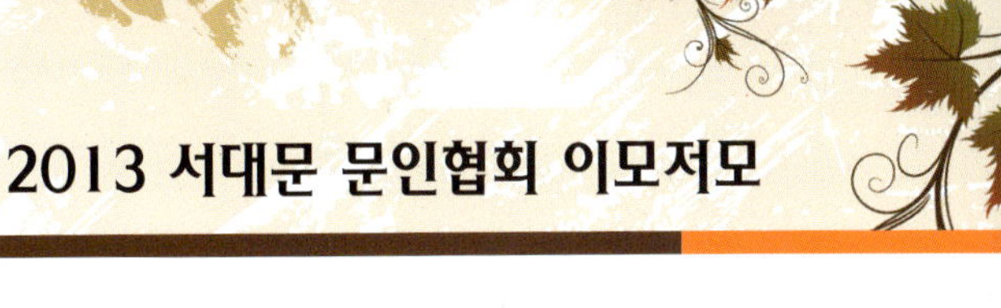

▲ 가을문학기행

▲ 문경세재

▲ 서대문-문경세재

▲ 서대문-문경세재

2013 서대문 문인협회 이모저모

▲ 서대문–문경세재

▲ 서대문–문경세재

▲ 서대문–문경세재

▲ 서대문–문경세재

▲ 순천정원박람회

▲ 순천정원박람회

▲ 순천정원박람회

▲ 순천정원박람회

▲ 순천정원박람회

2013 서대문 문인협회 이모저모

▲ 시가흐르는 서대문1

▲ 시가흐르는 서대문

▲ 시가흐르는 서대문

▲ 시가흐르는 서대문

2013 서대문 문인협회 이모저모

▲ 시가흐르는 서대문

▲ 시가흐르는 서대문

▲ 순천정원박람회

▲ 순천정원박람회

▲ 시가흐르는 서대문

▲ 시가흐르는 서대문

▲ 서대문-이사회

▲ 서대문-이사회

▲ 서대문-이사회

▲ 서대문-이사회

2013 서대문 문인협회 이모저모

▲ 서대문–이사회

▲ 이성남시인 출판기념회

▲ 서대문–무료책나누어주기

▲ 서대문–무료책나누어주기

▲ 서대문–무료책나누어주기

▲ 서대문–무료책나누어주기

2013 서대문 문인협회 이모저모

▲

▲ 독립문 청소년 백일장

▲ 독립문 청소년 백일장

▲ 독립문 청소년 백일장

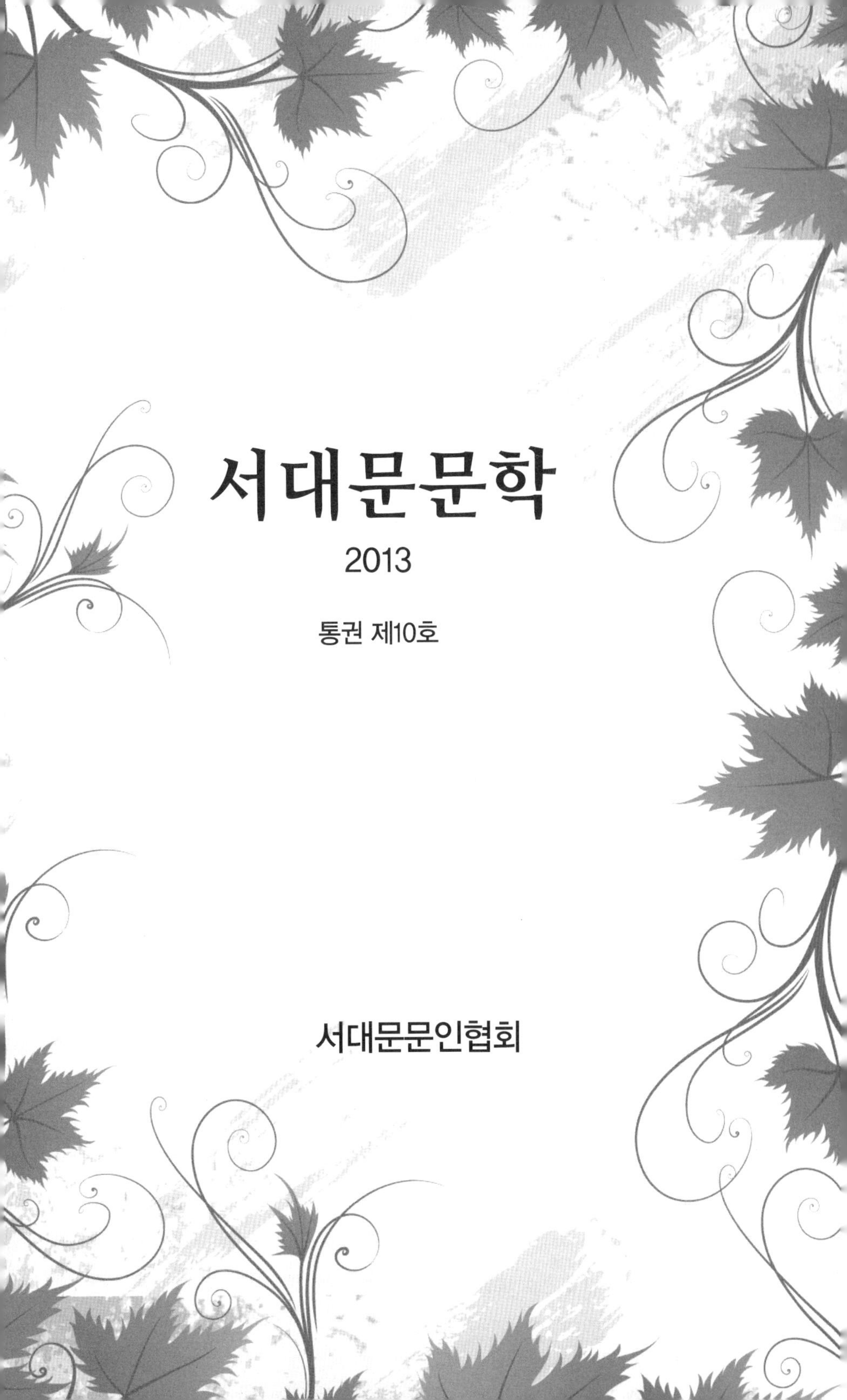

서대문문학

2013

통권 제10호

서대문문인협회

서대문문학 2013년 第10집

초대시

초청시인

Contents

초대수필

신작시

서대문문학 2013년 제10집

신작시

민조시

Contents

수필

백일장

서성택
(서대문문인협회 제5대 회장)

문인협회 임원님과 회원님 여러분, 안녕하십니까?

서대문 문학지 제10집 발간에 동참하여 주신데 대하여 감사를 드립니다.

그리고 초대작가님들께서 좋은 작품을 제공 문학지 발간에 크나큰 도움과 작품의 드높은 가치성을 빛나는 자랑으로 삼을 것입니다.

우리 문협에서는 2013년도 전반기 백일장 행사 실행하였습니다.

6.23일자 서대문 독립공원내 독립관에서 초 · 중 · 고와 일반까지 참여토록 하여 "창작"작품을 심사한 바 기성 작가들의 수준에 버금간다는 심사평을 들을 때 크나큰 기쁨으로 문단 발전에 희망을 안아주었습니다. 본 백일장 처음 〈제1회〉 실시, 막을 올렸으나 걱정이 앞섰는데 생각외로 성공리에 마무리 된 점, 참가자 여러분의 아낌없는 협조에 감사드리는 바입니다. 심사위원님들은 전국적 이름난 도창희, 이수화, 김송배, 서병진님과 서대문 문협 자체 심사위원 15명으로 구

성 백일장 행사가 성공리에 마무리된 점 진심으로 감사드립니다.

우리 문협에서는 년간 기본 행사는 빠짐없이 시행 전반기에는 책나눔행사, 춘계문학기행으로 순천에서 실시한 세계정원박람회 참관 새로운 정원의 구상 연구과제로 삼았습니다.

국보문학 발행인 임수홍 회장외 일행 10여명 동참으로 빛나는 행사가 되었습니다. 우리 문협은 후반기 문학기행을 본 협회 부회장 이성남 시인께서 문경새재쪽으로 오셨으면 하는 초청으로 관광버스 한 대로 문협 회원 외 초청회원과 합세 현지에 도착, 자연환경 박물관, 옛날과거 길목 새재 제1관문 답사, 신선한 숲속의 공기를 마시며 즐거운 하루였습니다. 그리고 이성남 시인의 제4집 출판기념회와 문협 문학기행 행사와 병행 지방문인들과 100여명이 동석 화려한 행사와 분에 넘치는 대접을 받고 즐거운 마음으로 귀가길에 올랐습니다.

우리 문협은 문학의 발전을 위하여 매월 초에 운영위원팀이 한자리에 모여 월간 행사 진행 기획과 문협관리체제를 논의 화합의 다짐을 하면서 다음달을 약속 아쉽게 헤어집니다.

앞으로 진실한 마음으로 최고의 서대문 문협이 되도록 약속하면서 인사말씀을 마무리 하겠습니다.

여러분 가정에 행운을 기원하겠습니다.

감사합니다.

문석진
(서대문구청장)

서대문문인협회『서대문문학』제10집 발간

안녕하십니까. 서대문문인협회 회원 여러분!

서대문 지역 문인들의 정성스런 글을 모아 엮은『서대문문학』제10집 발간을 진심으로 축하드립니다.

그동안 서대문문인협회는 청소년 백일장, 벚꽃길 책나눔 행사와 문학기행을 통해 지역 사회와 끈끈한 유대를 맺고, 주민들의 문학적 감성을 되살리며, 누구든지 친근하게 문학을 접할 수 있도록 해주셨습니다.

이번에 발간되는 문학지 또한 구민들에게 정서를 풍요롭게 하고, 문학의 가치와 즐거움을 전파하기를 기대합니다.

지금까지 열 해 동안 발간된 문학지에는 서대문에 사는 사람들의 표정과 삶의 테가 고스란히 담겨있습니다.

이제는 문화컨텐츠가 더욱 중요한 시대가 되었습니다. 서대문구도 문화가 살아있는 도시, 사람을 끌어들이는 매력 있는 도시로 거듭나기 위해 서대문 곳곳에 서대문만의 감성을 담은 다양한 문화정책을 펼치고 있습니다.

서대문 전체의 스토리텔링을 위해 관내 주요 거점마다 문화컨텐츠를 발굴하고, 문화의 생활화, 생활의 문화화를 지향하고 있습니다. 특별히 현재 공사중인 연세로 대중교통 전용지구 조성후, 홍익문고 앞에 문학의 거리를 만드려고 합니다.

문인협회 회원 분들께서도 문학의 거리에 많은 관심을 가져주시길 바라며, 서대문이 문학으로 특색있는 도시가 될 수 있도록 앞으로도 창작활동에 더욱 매진하여 주시길 기대합니다.

끝으로 서대문문인협회의 무궁한 발전과 서성택 회장님을 비롯한 회원 여러분의 건승을 진심으로 기원합니다.

정종명
(한국문인협회 이사장)

마지막까지 최선을 다하는 문인들

솔개는 태어나서 40년쯤 살면 발톱이 노화되어 사냥 능력이 급격히 떨어집니다. 부리도 길게 자라고 구부러져 가슴에 닿게 되고, 깃털도 짙고 두껍게 자라서 무거워져 높이 나는 것이 버겁습니다. 솔개는 이때부터 죽을 날만 기다리는 처량한 신세가 되어 버리는데, 대부분의 솔개는 실제로 무기력하게 죽을 날만 기다리다가 쓸쓸하게 주어진 생애를 마감합니다.

그러나 솔개 중에는, 극히 일부이기는 하지만, 죽지 않고 더 오래 살기 위해 어렵고 힘든 갱생의 과정을 거칩니다. 솔개는 산 정상으로 올라가 둥지를 만들고 피를 말리는 수행을 시작합니다. 먼저 부리로 바위를 계속해서 쪼아 부리를 닳게 합니다. 그러면 새 부리가 돋아납니다. 그 다음에는 부리로 발톱을 하나하나 뽑아냅니다. 그렇게 해서 새 발톱이 돋아나면 이번에는 새 발톱으로 묵은 깃털을 뜯어냅니다. 그렇게 하는 동안이 6개월쯤 걸리고, 솔개는 새롭게 태어나 그때부터 30년쯤 더 살게 된다고 합니다.

한국문인협회에 참여하는 문인은 1만2천여 명에 이릅니다. 우리 문단에서 활동하고 있는 문인 대부분이 한국문인협회 회원으로 참여하고 있다고 봐도 과언이 아닙니다. 이 1만2천여 명 중에서 60세가 넘은 문인이 절반 이상에 이르고, 심지어는 7, 80세에 이르는 문인도 꽤 여럿이고, 개중에는 젊은 신인 못지않게 왕성한 작품활동을 전개하고 있습니다. 아주 바람직한 현상입니다. 그러나 대부분의 문인들이 나이 어느 정도 들면서 작품활동은 중단하고 적당히 문인 행세만 하는 경향이 없지 않습니다. 지금은 예전과 달라서 좀 더 오래 삽니다. 이른바 100세 시대를 살고 있지 않습니까. 무기력하게 오래 살 것이 아니라 작품을 쓰면서 오래 살아야 할 권리와 책임이 있습니다. 어떻게 해야 할까요? 솔개처럼 뼈아픈 재생의 과정을 거쳐야 합니다. 묵은 관습의 껍질을 과감하게 청산하고 '이제부터 시작'이라는 각오를 날마다 다지면서 새롭게 태어나야 합니다. 고통스럽기 짝이 없겠지만 그렇게 해서라도 새로 태어나서 좋은 작품을 써야 합니다. 그것이 문인의 타고난 사명이기 때문에 그렇습니다.

서양 속담에 '마지막에 웃는 자가 진실로 웃는 자다'라는 속담이 있습니다. 인생은 한평생을 길게 보아야 합니다. 젊어서 겪는 실패와 좌절은 오히려 보람 있는 노년을 위해 존재하는 값진 보약일 수도 있습니다. 문인도 예외는 아니라고 저는 생각합니다. 보다 좋은 작품을 쓰는 데는 나이는 아무 상관이 없습니다. 〈서대문문학〉에 참여하는 문인 모두가 나이와 등단 경력을 초월해 보다 좋은 작품을 많이 쓰는 문인들이기를 기대합니다.

앞장서 수고해 주신 서성택 지부회장님을 비롯해 관계자 여러분의 노고에 위로와 감사의 말씀을 전합니다.

감사합니다.

신현준
(서대문 문화원장)

"서대문문학" 제10집 발간을 축하드립니다

안녕하세요?
제4대 서대문문화원장 신현준입니다.

만연한 가을의 정취를 흠뻑 느낄 수 있는 국화향기 그윽한 만추의 계절에 문학의 향기로 가득 채워질 서대문문학 제10집 발간을 서대문문화원 임원 및 회원 문화가족 여러분과 함께 진심으로 축하드립니다.

우리 서대문은 당대에 쟁쟁했던 문화예술인들이 면면히 이어져 문화예술의 고장으로 우뚝 서왔기에 자랑스럽게 여기며 살아오고 있으며, 또한 기라성 같은 문인들께서 사셨던 고향입니다.

서대문문학지가 2004년 창간되어 걸음마를 시작한지가 엊그제 같은데, 올해로 벌써 10돌을 맞이하다니 그동안 서대문지역사회에 문학의 향기를 나눠 주시기 위해 노력해 오신 역대 서대문문인협회 회장님이하 관계문인 여러분들의 노고에도 진심으로 감사드립니다.

그동안 '서대문문학'집이 우리 서대문지역사회 문학의 정서를 대변하리만큼 크게 성장하여 순수한 문학지로서 굳게 자리매김하고, 타 문학집의 귀감이 된 것은 예산적인 면에서 만만치 않은 어려움에도 불구하시고 서성택 서대문문인협회장님이하 문인여러분들의 혼연 일체된 협동심과 친화력, 열정이 있었기에 가능했으리라 생각됩니다.

"서대문문학" 제10집 발간을 다시 한 번 진심으로 축하드리며,
앞으로도 문인 여러분들의 왕성한 문학 활동과 서대문문인협회의 무궁한 발전을 기원합니다.

초대시

초대시

응향무(凝香舞)
–김용오 시〈오르가즘〉패러디

이 수 화

마구간을 뛰쳐나온
수억만 마리의 흰빛 종마들이
푸른 초원을 가로질러 어딘가
어딘가로 전력질주 하고 있었다.
부옇게 사라지고 있었다.

눈을 한 번 감았다 뜨는
사이에 일어난
뇌성벽력 같은 사태였다.

김용오 소객(騷客)이
사정(射精)헌 오르가슴.
아카시아 (혹자는 밤꽃이라고 하는)
꽃내음이 난다.
오, 몸서리친 응향(凝香).

필생(筆生)의 꿈처럼
허공에 흐터진다.

...응향무(凝香舞).

지하철 정거장에서

눈물겨웁습니다 어머니,
세상의 외진 터밭 귀퉁이에서,
씽씽 달리는 지하철도 타보고
한강의 유람선도 타보자시며
허리 펴 노란 장다리꽃같이
환하게 웃으시던
어머니, 눈물겹소이다.
오늘도 쥬페의 경기병 서곡처럼
지하철은 씽씽달리는데,
어머닌 한사코 북방에만 계시고
서름이 누이들이 지하철 정거장에서
노란 장다리꽃 같이 환하게 웃으며
연인들과의 이별이 서럽습니다.
지금 열차가 곧 도착한다고
포스트 모던은 자꾸만 벨을
오려대거든요. 어머니

조각달

이밤사
눈비 내린 뜨락에 서니,

아무 그리울 것도 없는
마음 밭에
무심천(無心天) 어리네.

백설(白雪) 은 저리,
제 몸 헤아리지 않아
생멸(生滅)이 한 길이련가.

능욕(凌辱)당한
여신(女神)의 눈썹 하나,

그래, 그녀 눈썹 하나만 겨우
천상(天上)의 나라에
그리움처럼 떠 있네.

이수화

마포 문인협회 고문, (사) 한국문인협회 원임 부이사장
(사) 국제 P.E.N 한국 본부 원임 부이사장
고려 대학교 문인회 시분과 위원장 역임, 경기 개방 대학원 겸임 교수 역임
연세 대학교 교육 대학원 총동창회 상임고문역임
미국 NEW YORK I.A.E.U. 명예문학 박사, SEOUL tlskdthd CLUB eovy
미당 서정주 시회 회장

초대시

물 詩 -40

- 홍제천 산책

김 송 배

홍제천 산책길은 언제나 붐빈다
우리 동네 사람들 모두
건강에 관심 높아지면서
자전거를 타거나
약간 빠른 걸음으로 걷는다
사천교에서 연가교, 홍남교, 홍제교 지나
폭포마당에 도착하면
산정에서 쏟아지는 폭포수 아래
활기찬 분수가 장관인데
세월의 물레방아 저 혼자 돌고 있다
팔뚝만한 잉어떼와
정갈하게 빗어넘긴 청둥어리떼
잠시 발걸음 멈추게 하지만
황포돛배 사공은 어딜 갔나
우거진 갈대 곁에서
바람만 한가롭게 머물다가 떠난다
오수와 폐수가 말끔히 정비된
북악에서 한강까지
우리 동네 사람들
틈만 나면 홍제천을 걷는다.

물 詩 -39
- 겨울 홍제천

김 송 배

겨울 산책길은 항상 고독해야 하나
한 마디 말없이 흐르기만 하는 시간과
퇴색한 눈짓으로 흔들기만 하는 갈대와
가끔 젖은 깃을 말리는 청둥오리 한 쌍
겨울 홍제천엔 하얀 웅시만 쌓였다.
그래, 알겠구먼
마른 갈대잎이 저들의 언어로 웅성이고
얼어붙은 개천길에 나뒹구는 삶의 파편들
연희동, 남가좌동, 홍은동, 홍제동
동서로 연결하는 찌든 정감의 바람줄기
해거름 우수의 여린 햇살이여
얼음장 밑에서 얼비친 푸른 물빛이여
그래, 얼 수 없는 빈 가슴 하나
헉헉, 이 겨울 노을 속을 뛰고 있다.

김송배

현) 한국문인협회 부이사장. 한국예총 및 국제PEN클럽 한국본부 이사
현) 한국시인협회 심의위원. 목월문학포럼 중앙위원
현) 청송시창작아카데미 회장, 서대문문인협회 자문위원장
윤동주문학상, 탐미문학상. 평화문학상 수상
영랑문학대상. 조연현문학상 수상
시집 : 『여백시편』 등 9권, 평론집 『성찰의 언어』등 5권
시창작법 : 『김송배 시창작 교실』 등 2권
산문집 : 『지성이냐 감천이냐』 등 4권

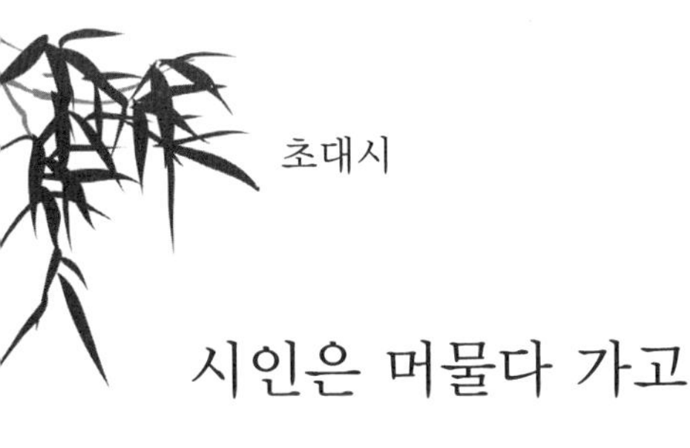

초대시

시인은 머물다 가고

한 분 순

호젓한 물길 끝에 어깨 맞댄 낱말들
파도 속 잠행하는
밀어 한 줌 캐어내어
바다로 번진 노을빛 흩뿌리며 달뜬다

밤의 걸음 소리에 내다보는 사색들
속삭여 전한 안부
바람 등에 얹어 보내고
시인이 빠뜨리고 간 뒤 낱말끼리 시(詩)로 산다.

서성이다 꽃물 들다

너와 나
서성이던 자리
속삭였던 메타포

그 밀어 껴안은 놀빛
내 앞에 여전한데

두고 간
꽃물 든 말들
별이 되어 떠 있다.

밤을 타
종종걸음
숨가삐 달려온 너

꿈인 듯
숨결인 듯
입김이 따뜻했다.

어쩐지
수줍던 그 밤
어둠마저 고왔다.

노을이 그녀를 좋아해서

하루쯤은 사랑에 놀아나도 괜찮다
금홍빛 실타래를 거두어 새 옷 짓고
저 아래 내려다보며
감싸 쥐는 붉은 곤지.

꽃불에 얹어 건넨 정중한 수작의 자락
타오름 억누르고 다가서자 고개 드는
나긋한 그 이마 위로
밤을 덮는 저녁놀.

한분순

70년 서울신문 신춘문예 당선.
시집 : 「실내악을 위한 주제」, 「서울 한낮」,
「소녀」. 「손톱에 달이 뜬다」. 「언젠가의 연애편지」. 「서정의 취사」등.
수필집 '한 줄기 사랑으로 네 가슴에」.'어느 날 문득 사랑 앞에서」. '소박한 날의 청춘'등. 정운시조문학상. 한국문학상. 한국시조시인협회상. 가람시조문학상. 현대불교문학상 등. 현/한국여성문학인회 이사장. 한국문인협회 부이사장. 한국시조시인협회 명예이사장 등.

초대시

프랑스인 프랑스어

김 계 덕

샤를르 드골 공항에 내렸을 때
'짐 찾는 데 어디냐'고 포터에게 영어로 물었는데
'아이 돈 노우 잉글리쉬'라 퉁명스럽게 대꾸,
'알아들었으면서도 이런다'고 우리말로 투덜거리자
그때서야 손으로 저쪽을 가리킨다

본디 프랑스어는
프랑스에 침입했을 때의 시저가
그의 군대가 쓴 비속한 라틴어가 바탕된 후
몇 세기 걸친 후 18세기 무렵
프랑스어가 국제어로 자리매기고는
루이 14세 때 외교 교섭에
최고의 언어로 승격
'누구든지 두 고국 있는데
자기 나라와 프랑스'라 한
미국 계몽사상가인 토마스 제퍼슨

프랑스 고전주의 비극작가인 라신과
다른 작가들도 다투어 문학에서조차
프랑스어를 뛰어난 언어로 추켜세웠으며
러시아마저 통치자, 귀족, 지식인까지

자국어를 옆에 제치고 프랑스어를 사랑했다

'무엇이 프랑스어를 세계어로 만들었느냐'에
'정확성 합리성 그리고 인류의 언어'라는
논문 발표한 프랑스 아닌 독일 베를린 학회,
프랑스 '대백과사전' 통해 프랑스어를
계몽사상에 의사소통을 매개하는 능력 주었는데
문학자 볼테르, '법의 정신' 쓴 몽테스큐,
'사회계약론'의 루소, '경제표' 발표한 케네,
경제학자인 튀르고 등 하나의 인명사전이었다
영국에서조차, 특히 계관시인 드라이든의 영향으로
프랑스어의 단도직입적인 말의 배열, 간결한 문법
그리고 세련 청아함을 본따기 시작,
프랑스어는 하늘을 찌를 듯했다

영국 가는 기차에서 스무나무 살 프랑스 여인과 동행
여섯 시간에 걸친 도버 해협을 배로 건너
빅토리아 역까지 오면서의 대화는
그녀의 유창한 영어로
파리 가면 프랑스어만 쓸 것이라는 뜻깊은 말에
어느 여대생이 인천공항에 내리면서
'혀가 잘 돌지 않아 영어로 말하겠다'는
신문 가십난이 퍼뜩 떠오르며
민망한 쓴 웃음 지어졌다

카페 '돔'과 '라 로통드'와 '드 두마고'

삼십 년대에 걸쳐 황금시대 이룬
몽파르나스에는 상징파 시인들 무대로
라스파이유 거리 부근의 카페 '돔'과
'라 로통드'의 테라스에는
커피 한 잔 놓고
뜨거운 토론 벌이는 곳이며
'라 로통드'는 러시아 혁명의 레닌이나
트로츠키* 등의 단골집,
예술지망생들이 밤새 열변 토하는 곳이다

봐반 광장 건너편 카페 '돔'은
조르즈 상드, 헤밍웨이 등
역사적 인물들 자주 찾는 곳인지
다른 데서 볼 수 없는 가게 정문에
정장의 두 안내인 모습이 이채롭다

저명한 예술가 이름 새겨진 테이블,
사방 벽에는 그런 인물사진이 빽빽이 걸렸고
안으로 들어가려니
빈 테이블은 이미 예약만원,
테라스에서 겨우 맥주 한 잔 들이키는데
'돔' 안에서는 맥주값도 바깥보다 비싸단다

여기서 가까운 언덕 위 몽파르나스 묘지에는
보들레르를 비롯해 상드 뵈브,
세자르 프랑크, 모파상, 앙리 포앙카레 등
문학가 음악가 정치가 묘비가 서 있다

'생 제르맹 데 프레'란 대전 후
실존주의와 더불어 유명해져
이 근처의 카페에는
사르트르를 비롯한 카뮈 등
실존주의자들 모여 그를 태동한 거리이며
이 일대 지하 술집들은
기묘한 옷차림 남녀들 모이고 모여
그를 보러 온 꾼들도
또 모이고 모여 초만원 사례

샹송의 가수 쥬리에트 그레코는
이 거리에서 뜨거운 가슴으로
명성을 끌어 얻었으며
생 제르맹 교회 앞 '카페 드 두마고'는
남색가들 예술가들 홀연히 어울려
불가사의한 매력 진하게 풍기는데
이 '카페 드 두마고'에는
사르트르*와 보봐르*도
가끔 그 얼굴 드러내 즐기는 곳으로
고미술, 옛가구 파는 가게 모인 곳이다

파리쟝들은 샹젤리제나 오페라 거리의

유행 따른 옷보다
이 생 제르맹 데 프레 거리에서의 유명 브랜드
즐겨 고르는 것이 보통이라는데
거리에 즐비히 늘어선 프티크로는
가장 세련된 것들이며
그런 개성적인 모습의 젊은이들 산책하는
또하나의 유행의 첨단 걷는 거리이다

* 트로츠키(Trotski, Lev Davidovich) ; 러시아 혁명가. 레닌과 더불어 활동함. 저서 '영구 혁명론'
* 사르트르(Sartre Jean Paul) ; 프랑스 철학자, 소설가. 카뮈와 함 께 실존주의 문학자의 쌍벽. 소설 '구토' 등. 보봐르와는 계약결혼 으로 유명함.

* 보봐르(Beauvoir Simone) ; 프랑스 여류작가. 비평가, 극작가. 사 르트르의 아내와 동지로 협력. '초대받은 여자' 등.

* 서울 출생. 시문학 천료. 한국문인협회 이사, 국제펜한국본부 이사, 〈펜문학〉 편집.

* 한국현대시인협회 부회장 역임. 서문협 고문, 시집:장편서사시 〈불의 한강〉, 〈김계덕시전집〉,

* 세계기행시 〈세계의 빛과 그늘을 걷다〉, 한국기행시 〈가는 길이 가는 길이어서 좋다〉 등.

김계덕

서울 출생, 《시문학》등단
한국문인협회 이사, 한국현대시인협회 이사 · 부회장
국제펜클럽한국본부 이사 역임, 서대문문인협회 고문
국제펜클럽한국본부 자문위원
시문학상, 윤동주문학상 본상 수상
시집 : 『김계덕시전집』『김계덕시세계』

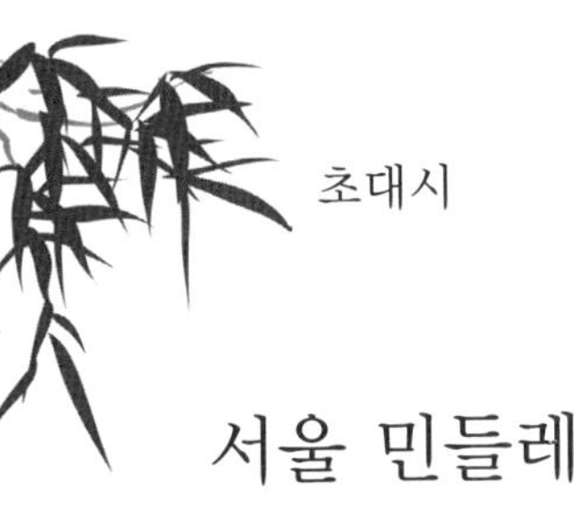

초대시

서울 민들레

素沙　심의표

발끝에 채일 돌부리 하나도
사랑 가꾸어갈
한 치 여유로움도 없는데

어디에 누워 누구와 함께
깊은 정
속삭이란 말이냐

좁다란 콘크리트 틈새
비집고 앉아
토해내는 외마디 울음소리

연가戀歌 I

흩어진 시간의 수인 囚人되어
새벽 길 열어가는
분주한 나날들

지나간 세월의 두께만큼
덜컥거리는 부조화의 맥박
낡은 기계소리

두 볼에 불그레 피던
그 복사꽃은
지금도 우련한데

서릿발 허옇게 내리니
그대는 정녕
순환의 계절 가을녘인가.

연꽃

잔물결 일렁이는 호수 한 가운데
자리매김으로 자신을 보호하며
밤마다 성수 받아 목욕재계하고

파란 옷자락 모아
뽀얀 얼굴 살포시 묻고 서서
한 생 살아가는 태 고운 화심

은은한 향기 호수 가득 풀어
중생의 극락왕생 인도 하려는 듯
고개 들어 눈 맞춤 하자한다.

심의표

사) 한국문인협회 금천지부 3대 4대회장 역임,
사) 한국문인협회 문학사편찬위원장
한국창작문학낭송협회 회장, 사) 한국문협 서울지회 역대지부회장협의회 대표
아시아일보 신춘문예 총괄심사위원, 사) 국제펜클럽한국본부이사 겸 심의위원
서울시낭송클럽 부회장, 월간 모던포엠 주간(전),
문학과학통섭포럼 서울본부 공동대표
시집 : 「이화에 기대선 달」 등 8권, 공저시집「한강의 은유」 외 25권 상재
78년 문교부장관 표창, 97년 대통령 표창, 99년 국민훈장 석류장 외 다수

초청시인

초청시인

광주문화의 한마당

신 해 자

옛적엔 의식주를 해결 하던 광주천
초승달 뜰 때 선남선녀들 사랑
별빛으로 쏟아져 징검다리 건너
반달 툭 따서 청사초롱 불 밝히고
맑은 물소리 고요히 옥구슬로 흐른다

문학과 음악이 한마당 어우러진
울림은 달빛 받아 메아리쳐 예술의
하모니로 휴머니즘을 만나게 하는 광주천…
맑은 정기 굳은 의지로 승리의 나팔소리
아시아를 넘어 세계 속으로 우뚝 설 것이다.

불타는 정의와 민중의 한이 서려있는 빛고을광주
죽음에서 깨어나 파란 하늘 맑은 영혼의 외침
정의와 충절의 얼리 숭고한 민주화의 정신으로
꽃 피운 5.18 광장에서 민주성지로 이루어낸
당당한 젊음의 심장 역사의 변천으로 태어날 것이다.

무등산 큰 기상 하늘 문을 여는 천왕봉
주상절리 서석대 억만 년 솟아오른 태양
눈부신 슬기와 지혜 모아 용이 낚아채듯
우주를 향해 용트림하는 기세가

세계 속으로 승천하기 위해 도약하는 발돋움
세계문화유산기네스북에 새겨지기를…

신해자

〈조선문학〉·〈현대문예〉 시 신인상 〈순수문학〉 수필작품상 / 국제펜클럽, 한국문협 회원, 자미원 원장 역임, 문맥 고문, 전남문협·장성문협·함평예술인협회, 현 광주시인협회 부회장, 현대문예작가회 상임 부회장, 광주여류 수필·서은문학회 회원/시집 「내 마음의 한얀새」외

초청시인

전갈자리에서

배 문 석

바람이 죽지를 꺾고 나무 등걸에 걸렸다
부러진 허리를 동여매고
이지러진 달의 부피로 작아져서
동경의 허물을 벗는다
처음의 그 거리로부터
내세의 우주를 건너 온 신비, 그 빛깔로
전설을 입히는 귀와
은하의 폭으로 푸르러진 입술과
형언 할 수 없는 향기로 채워진 묵언,
틈을 채우기에는 아직 멀다
더디 살아 온 풋 목숨으로는
혜량하지 못한다
아득한 억겁의 저쪽
가슴에 슬었던 찬란한 그대가
동백꽃보다 더 붉게 타오르는 불꽃으로 번져온다
꺾이지 않는 날개로 높이 날아 갈
독수의 어금니를 물고
풍경 속 사바를 저어온 노를 높이 들어
새뜻한 불을 켠다.

* 새뜻한 : 예전과 달리 새롭고 산뜻하다.

고구마를 캐면서

말그내 문턱 외얏등 언덕배기
흙 갈피를 열고 붉은 심장을 캔다
아스라한 땅속 박동을 밀치고
토실토실 굵어져야만 했던 이유로
밤이면 달과 별이
꿈 줄기로 뻗어 갔을 이 고랑에
농부의 땀방울이 영글다가
넉넉한 햇살 한 무더기 풀어놓은 다랭이 밭
그 이랑에는 꿈이 살고 있었다네
하루가 고랑마다 떡 돌리듯 다녀가면
풋풋한 씨알바람 잎맥으로 푸르게 자라
아이들 학비로 쑥쑥
꿈이 주렁주렁 달려나간다
밤엔 달의 굵기로 품어가고
햇살 긴 날엔
싱싱하게 잎순 크기 넓혀갔을
황토밭 이야기는 눈물겹다
아니, 호미에 이끌려 줄줄이 달려 나오는
주먹보다 큰 꿈망울은
농부의 굽은 허리를 쭈욱
높이 비상하는 하늘로 당겨놓는다
흙 갈피를 열고 붉은 심장을 캐는
말그내 문턱 외얏등 언덕배기로

여자의 바다

그 바다는
은비늘 번득이는 인어들 세상,
치마에 파도가 겹겹이 밀려와 혀를 내밀듯
여자는
세상으로 귀를 둔 강이 손짓할 때마다
가슴에 모성의 길을 연다
비단처럼 여민 그 길 끝쯤에는
편지를 쓰지 않아도 본능을 읽어 내는 눈이 열리고
차례도 없이 찰랑대는
심장으로 난 물길이 낮게 더 낮게 귀를 기울여간다
대지가 푸른 숨 여닫는 틈새로
누구나 한 번쯤
은밀한 여자의 우물로 눈을 뜨는 곳
눈빛이 맑아서 너무 맑아서 거긴,
한 방울씩 고이는 이슬의 눈으로
감았다 뜨면 송글송글 새벽이 맺혀졌을 터
천둥을 거느렸던 그 어진 성정으로
품었던 하늘은 푸르게 다독여간 미리내라고나 할까
누구나 어렵고 기막힐 때 부르는
그 얼굴이 모천으로 오르는 길이다
모진 생애를 밟고 지나온 금이 아득해진 지금,
마르지 않고 심장에 흐르는 내 숨소리가
정낭 너머로

어미의 육신에서 진액을 빨아 올린 강이었느니
이 저녁, 강물에 물든
노을은 붉은빛으로 이울고
검은 머릿결 휘날리는 그 바다에서
그리노라 그리워하노라
가슴을 열고 손짓하는 심연,
인어들 노니는 그 물길에 서서.

배문석

(사)한국문협 문학관건립위 위원장, (사)국제PEN 한국본부 이사,
국보문학 주간, 한국문학신문 편집위원, 제3의 문학 편집위원,
(사단) 문학과학통섭포럼 상임대표, 선진문학예술협회 고문
불교문학 자문위원장, 한국문협 영등포지부 심의위원
대한민국문화예술인사편찬위원회 이사장
(사)바다사랑 실천운동 시민연합 상임대표
(사)국제PEN 한국본부 '2015 한민족 세계PEN대회' 대표 간사.

초청시인

취해보니 알겠다

柏堂 김기진

취해보니 알겠다
똑바로 걷기보다는 비틀비틀 걷는 것이 쉽다는 것을
삶도 그러하지 않을까
올곧게 삶기보다는 되는대로 사는 것이 쉽지 않을까

취해보니 알겠다
발 따로 몸 따로 걷는다는 것을
삶도 그러하지 않을까
이상과 현실은 다르다는 것을

취해보니 알겠다
온통 세상이 빙글빙글 돈다는 것을
삶도 그러하지 않을까
현실이 어찔어찔 돈다는 것을

취해보니 알겠다
메스꺼운 속 토해보니 시원하다는 걸
삶도 그러하지 않을까
속속들이 맺힌 것 버려버리면 편한 것을

취해 보니 알겠다
다음 날 몸 쑤시고 머리 아프다는 걸
삶도 그러하지 않을까

환락의 날을 살면 몸 버리고 가슴 아프다는 것을

취해보니 알겠다
망각의 대가로 비어버린 주머니 채울 길 막막하듯
삶도 그러하지 않을까
허송한 세월 돌이킬 길 막막하다는 것을

취해보니 알겠다
먹은 만큼 마신 만큼 취하게 된다는 걸
삶도 그러하지 않을까
쌓은 만큼 베푼 만큼 걷을 수 있다는 것을

한강(漢江)

대한의 심장에
푸른 동맥으로 꿈틀거리며 흐르는
겨레의 젖줄 아리수

태백산 검룡소에서 솟아
천이백오십리 장구한 물길 위에 수천녹의 옥수를 모으고
칠호 구강을 합하여 넉넉히 나누어주어도
장엄(張弇)한 북독

단군천웅이 동이국을 열기 이전
억겁년 흘러온 창조의 물줄기
광막(廣漠)한 대지를 갈아엎어 제국의 길을 열고
고요한 밤 청연(青煙)속에서 생명을 잉태하던 사평도

유구한 역사가
한수 푸른 물결위에 질풍노도(疾風怒濤)로 흐르고
고구려 백제 신라 쟁패(爭覇)의 북소리
초인 영웅들의 우렁찬 호령을 삼키며
제왕들의 이글거리는 눈빛을 대수 속에 적시었다

녹색을 심는 평온한 농부
은어 황어가 노니는 어라이언 계곡에
아우라지 뗏사공이 아리랑을 부르며 휘돌아가고
경강의 어부는 빛을 건지었다

뗏목이 흘러가고
돛배가 흘러가고
거함이 흘러갔다
민초의 한을 씻으며 아기의 탯줄을 씻으며
어김없이 찬란한 아침이 이하에 날마다 솟았다.

쪽빛 수면 위 구름 두른 바위산 시선마다 선경(仙境)인 충주호
일출이 황금 꽃을 흔들며 소망으로 솟구치는 내륙의 바다 소양호
대적(大敵)을 일거(一擧)에 삼켜 깊은 바닥에 잠재운 파로호(破虜湖)가
비축의 힘을 열수에 열고

두물머리에서
북한강 남한강이 어우러져 한강이 되듯
너와 나 칠천만이 남북통일의 축배를 들리라
축복의 노래 육대주에 울리리라

사랑하였다
이 땅위에 삶을 갈구하던 백성들을
거대한 한용(韓龍) 욱리하
용의 눈 여의도가 밤하늘에 번뜩인다

무궁한 청사(靑史)는 사리진에 녹아 있고
문명을 꽃피워 기적을 높이 세웠다
대한의 역사를 대양(大洋)으로 끝없이 끝없이 이끌며
저 도도히 굽이쳐 흐르는 한강

* 구강 : 동강, 서강, 평창강, 주천강, 섬강, 남한강, 소양강, 홍천강, 북한강
* 칠호 : 파로호, 춘천호, 소양호, 의암호, 청평호, 충주호, 팔당호
* 청연(靑煙) : 안개
* 한용(韓龍) : 한국의 용
* 장엄(張弇) : 넓고 깊은
* 한강(漢江)의 이름 : 욱리하(郁里河), 이하(泥河), 왕봉하,(王奉河) 한산하(漢山河), 북독(北瀆), 사평도(沙平渡), 사리진(沙里津), 경강(京江), 대수(帶水), 열수(洌水), 한수(漢水), 아리수(阿利水)

청혼

나 커서
아저씨와 결혼할래요

짜릿한 행복 던져주던
이미 아이를 낳고
중년을 훨씬 넘었을
그 계집아이

지금도 기억하고 있을까
잊었을까

그때 그 청혼

김기진

자유문예 시부문 신인상 2005창작과 의식 시부문 신인상 2007, 자유문학 민조시 추천완료 2011, 한국문협 광명지부 공로상 2010
시사투데이 선정 2010년 대한민국 사회공헌 대상(예술부문)
광명 시장상 문예부문 2012, 시가흐르는서울 명예회장
자유문예 문인회 부회장, 작가시선 심사위원, 한민국창조문화예술대상 심사위원
만다라문학 작가회고문, 사투리보존위원회 고문, 한국문협 광명지부 이사
저서 : 「일출처럼 노을처럼」, 「한강」
동인지 : 「꾼과 쟁이」, 다수
전자책 http://백당김기진.시인.com

주상절리

원 진 희

해풍 길이 만큼 달려와 일어서는 풍상
아침 해 떠오를 무렵
수면 하얗게 피는 꽃송이
발갛게 물들었다
현무암 용암 냉각 돌기둥
암벽을 뛰어 오르다 숨차 헐떡이는
동물원에 코끼리 코를 휘젓고
평평한 돌판에 뾰족 올라선 능선 아래
반듯이 누워 부채질하는 바위
수평선 너머 여명 당겨 사라진 연가소리
스스로 일구고 가는 빛의 광란
기인 한숨 끝에 기쁨 넘실거리는 바다
거친 삶은 물거품 하얗게 토해 구멍난 바위
달그락거리는 퐛말 깃봉을 세운다
거대한 밀물과 썰물 쉬임없이
또다른 지열을 끌어내어 이상을 만들고 있었다.

순이의 비비새 황국(黃菊)

비비새는
황국(黃菊) 병 속에
오랜 입 다문 처녀처럼 다소곳이
문 옆에 붙어 서서 기다리던 순이
草香의 흐르는 詩
아득한 세월 바라보았네
반달 표면은 얼음처럼
부드러운 전율 중심부로부터
메마른 풀숲에 소릴_ 고이게했네
뼈만 드러낸 빈 산 백운 계곡
고요롭다
얼음 밑으로 빙어들의 춤사위 떠들썩하고
경찰서 머리맡에 감회의 눈시울
화천 서장님
송승헌 닮은 경찰병 반짝이는 눈매로
옛날을 보듯
날씬한 몸매의 여인 서리꽃 피우는 파로호 옆에
시샘을 쏟아내는 향기로 머물고 있었네

샤갈의 詩가 생각나는 季節

물레방아 샤갈의 시가 멎은 외진 山房에
바람이 젖어 든다
나르스름한 아침 햇살 비침은
너와 나의 渴症이어라
어느 날 동녘에 자아내는 찰라의 해 돋음 찾아
한계령 마루턱의 밤을 익숙한 감각으로 달려간다
백담골짜기 넘어 비선대 와선대 진부령을 휘돌아
울산바위에 걸터앉아
무릉계곡의 찬이슬 머금은 아침 햇살을 본다
은빛!
온 세상 찬란한 옷으로 갈아입고 나선 신부처럼
금빛 햇살로 다가선 손 줄기
다시금 옛 생각 나눠주는
나의 귀뚜라미 소리와 쓰르라미 울음소리들!
깊은 밤 고즈넉한 천 년을 외워대는 바람
갈대숲 억새 풀의 울먹이는 신음 앓는 소리
비췻빛 청자 하늘로 떠돌다 그리는 한 폭 뎃상!
연둣빛 고른 믹스의 구상
더욱 찬연히 다가와 손짓 하는
露天의 메아리가 합창으로 되돌아오는 갈대 수풀
천 년을 가다듬은 가야금은 달빛 아래로
이 찬연한 밤 빛깔 다 어디에 감춰두고

먼 훗날에 꺼내볼까
잦은 미련 스며오는 울림의 소리
길게 한 없이 이젤에 파묻혀 본다.

원진희

사)한국문인협회 회원
양천문인협회 부회장
혜화詩동인회 감사
대한민국문화예술인사편찬위원회위원

사랑몸살

유 기 영

우리가 사랑하는 것은
살아있기 때문입니다
뭇 생명의 희생으로 살아가는 우리에게
사랑은 용서이며 이유입니다

미풍에 소근대는 나뭇잎과
돌틈에 숨어있는 제비꽃의 부끄럼을
사랑합니다
느닷없이 떨어지는 소낙비와
오도도 떨고 있는 길냥이의 동그란 눈동자를
사랑합니다
깊은 밤 토해내는 누군가의 한숨소리와
뜨거운 눈물을
사랑합니다

사랑할 게 너무 많은 하루입니다
사랑하기에 너무 짧은 우리네 生입니다
달뜬 사랑몸살에 아름다운 세상입니다.

창문

본디 햇볕과 바람의 길이었제
태어난 곳에 따라 크기와 모양은 다르지만

그런데 언제부턴가 사람들이 이상해진기라
두터운 커튼을 드리우고,
이중창에 덧창, 거기다 방충망까지 달고

심지어 열리지도 않는 창까지 생겨 났는디
햇볕은 그렇다손 치더라도 바람이 그만 성이 나 버렸당께

그때부터 사람들 몸에서 곰팡내가 나기 시작한기라
사람들은 코를 잡고 서로 삿대질하며 방문을 걸어 잠것지

신문지상에는 매일 질식사한 사람들 명단이 올라오고
원인 분석에 칼럼까지 호들갑을 떨고 있는디

귀머거리 아니라면 함 들어보랑께
똑. 똑. 똑.

한 번도 끊긴 적 없는 저 노크 소리

똑.
똑.
똑.

틈 이야기

틈이 틈을 잡아먹고 알지 못할 얼굴로 등 돌릴 때
열에 들뜬 나는
무거운 팔을 한 번 들었다 놓았을 뿐
꽃잎 한 장 입에 물었을 뿐
틈에서 모든 인류 역사의 그림자가 만들어졌음을
개구멍받이를 잉태하던 위대한 틈님
바람이 들락거리는 문풍지 손가락 구멍
나무 틈, 돌 틈에 둥지를 튼 온갖 것들이 깊은 밤 웅웅 거릴 때
나는 달짝지근한 숨결을 힘겹게 뱉는다

여름 한낮은 지났다
이제 우리는 우리의 틈들을 점검할 때 특히
가슴 속 틈에 유의할 것
올 겨울은 긴 한파가 예상되니 얼어 죽지 않게 틈들을 꼭 틀어막을 것
겨울이 지나고 나면 동사하거나 질식사한 주검들이 온 산하에 뒹군다
그 주검을 거름 삼아 봄이 피어난다는
치 떨리는 봄의 이중성에 눈 감고 우리는 목소리 높여 봄을 찬미한다

내 가슴 속 틈도 어쩌지 못하는 세상
바깥 틈 관리는 그들에게 맡겨둘 것
틈이 틈을 지키고 때론
틈이 틈을 잡아먹는 틈들의 얼굴을 읽으려 하지 말 것
그저 꽃잎 한 장 잎에 물고 그들의 웅웅 거리는 소리를 들을 것
그것도 힘에 부쳐 몸살을 앓을 때에는
그들의 등 뒤에 졸이고 졸인 달짝지근한 숨결을 한 번씩 내뱉으면서

유기영

2005년 좋은문학 시부문 등단
민들레동인회 회장
한국문인협회 회원
노원문인협회 회원
공저 : 「민들레동인시집」 1집~8집
개인시집 : 「사랑 그 외로움」

초청시인

나와 함께 사는 시간

예당 조선윤

이미 떠난 시간
후회한들 무슨 소용인가
서성거리고 싶은 가두에서
꽃눈이 내리기를 기다리는 것은
서러운 일 아닌가

잘 쓴 시간은 빛나서
힘의 근원이
지혜의 원천의 향기로
영혼의 음악 되어
삶을 가치 있게 만들어 주었다

시간은 철들게 했고
못 풀 문제를 해결해 주고
인생의 스승 되어
원숙한 열매를 주었다
천년을 하루 같이
오늘도 현재에 초점을 맞춘다

따뜻한 세상을 위해

꽃이 아무리 고와도
가슴으로 흐르는 사랑보다 더 고우랴
태양이 아무리 뜨거워도
불타오르는 사랑보다 더 뜨거우랴

영혼의 문 두드려
맑은 금빛 햇살로 내려
샘솟듯 마르지 않게
위대한 삶에 의미를 부여하는
가치 있는 사랑은

진실의 꽃 피워 세상을 빛내고
삭막한 가슴 곱게 물들여
아름다운 세상 창조한다
마음의 갈피마다 피어나
엄동에도 꽃을 피운다

조선윤

한맥문학 등단, 전국효앙양대공모전 수상
동서문학상 수상, 시낭송대회 수상
시집 : 제1집 「사는 건 꿈이래」, 제2집 「나와 함께 사는 시간」,
제3집 「인생의 바다에는 그리움도 깊다」

작은 보석

김 운 향

인도에서 건너온
작은 보석 하나
아가의 손톱만한 자줏빛 루비
그 속에는 눈빛이 있네
보면 볼수록 영롱한 무지개
살아서 꿈틀대고
두근거리는 꿈이 스며 있네
오랜 기다림 끝 짧은 만남이
예사롭게 스쳐가며
낯설게 헤어짐은
저마다 돌아갈 자리가 있기 때문
안경 너머로 언뜻 비치는
물빛 그리움
그대 눈부처에 담긴
작은 보석 둘.

항아리

머리에 달을 이고
아니 오신 듯, 다녀가소서
산사의 처마 끝에 매달린 풍경 울리거든
바람결에 그 님이 스쳐갔다 여기시라기에
천봉당 태흘탑 아래서 합장하노라니
노오란 옷을 입은 소년이 나타나
운무 드리워진 능선을 가리키네
마음 한 곳을 비우고
몸 한 곳도 열어두기를
귀한 인연으로 빚어진 삶인데
알몸으로 와서 조각조각 깨질 때까지
골고루 채우고 비워보기를
큰 바위 속에서 흘러넘치는 감로수로
청정심 되어 시나브로 비우리라하니
새로운 법열이 새록새록 밀려드네.

만 남

그런 사람 없을까
나 같은 사람
때론 어눌하고 때론 거칠어도
만날수록 부드러운
어쩐지 오래 전부터 만났던 것 같은 사람
별빛의 눈, 달빛의 미소
따스한 손끝에 힘이 넘치는
모든 것을 취할 수도
모든 것을 버릴 수도 있는
바람 같은 사람, 구름 같은 사람
언제나 편안함을 주고
제 갈 길을 말없이 가는 사람
누구와도 잘 어울리는,
평생을 만나고픈
그런 사람 없을까.

김운향

1964년 경남 산청 출생
1987년 「表現」誌 신인작품상으로 등단
2012년 고려대학교 대학원 졸업 (문학박사)
시집 「구름의 라노비아」(1999), 소설집 「바보별이 뜨다」(2009)
박사학위논문 「徐廷柱 詩에 나타난 生命意識 硏究」(2011.12.고려대)
한국문인협회 문기공위원회위원,국제P.E.N.한국본부회원,현대시인협회 중앙위원.

동행2

우 재 정

혼자 찍고 가는 발자국은
쓸쓸하다

쓸쓸함 달래려고 들어선
꽃길
꽃잎이 찍은 발자국과
동행이다

외로울수록 아름다운
아름다울수록 외로운
이 배리(背理)는 무엇일까

배리라 했는가
아름다움과 외로움이
외로움과 아름다움은
둘이 아닌 하나인 것을

발자국도 꽃잎으로 찍은 동행의 발자국은
축복인 것을

영월단상
–김삿갓축제에서–

마대산 어둔이 계곡석양을 등지고 떠난 자리인
태백산과 소백산 자락이 만나는 자리에 섰다
조부를 규탄한 불효 부끄러워 삿갓쓰고 방랑길
바람으로 떠돌았던 김삿갓

님은 가고 없었지만 청명에 잠든 영혼
황금빛 능선에 노을에 금빛 된 지석에 한잔 올려놓고
잠시 눈을 감아본다

눈 들어 마주한 고개 너머엔 난고의 생가가 있다고
뜬구름이 손짓으로 가리키며 떠가고
한 시대를 주름잡은 풍자와 해학諧謔살아 남아
가슴인 듯 이마인 듯
피가 돌게 한다

피가 돌고 굳어
한사코 떠나지 못하는
난고의 무덤
깃발이 펄럭인다

코스모스

저 몸짓으로 보내는 이별은
어떤 이별일까
이별 따라 함께 동행하면
어디쯤에서 다시 만날 수 있을까

의문부 발자국 삼아
찍고 가는 가을 나그네
끝나는 계절
어디쯤 목로 있어
노을 앞에 하고
뒤 돌아보면

여직도 손 흔들고 있을까
손 흔들며
이별로 서 있을까

우재정

월간문학공간, 조선문학등단,
명예문학박사, 한국문인협회회원 남북교류위원, 한국본부국제펜클럽회원,
경기문협 제도개혁위원장, 한국작가중앙위원, 문학공간중앙위원,
하남문협고문, 하남문인협회 5~6 대 회장역임, 하남문회원이사, 하남예총감사,
죽정문학회 회장, 백양문학부회장역임, 한국시낭송가협회이사, 세계예술문화아카데미회원,
수상 : 한국신문문학상, 문학공간상, 동백예술문학상, 한국시낭송문학상,
하남문학상, 경기도문학상, 하남문화상, 외 다수
저서 : 「그리움의 여백」, 「하늘바라기」, 「아버지의 뜰」, 「동행」 외
동인지 : 들꽃과 구름, 별과 고기 그리고 고향. 길 위에서. 열을 세며. 푸른 외출 외 20여권

내 몸 녹이는 그대

가산(嘉山)/ 서 병 진

초대장은 언제 왔던가
그대의 모습은 이제는 아련한데
웃는 얼굴 파아란 하늘 옷깃을 스쳤던
그때와 지금도 떠다니는 하얀 구름처럼
나불거리는 입술 나뭇가지에 얼기설기였는데

아니야 그대는 청탁서야
하얀 종이에 까만 깨알 씨 뿌려 놓고
하루 이틀 밤을 지새우는 그대의 입술
네온사인 반짝이는 그대의 오로라 빛
전율에 청탁서가 밤을 새운다.

태종대 자갈마당

하얀 파도에
철썩철썩 노래하는
노랫소리에 하얀 파도는
몽실몽실한 자갈 잠을 깨운다
소꿉놀이하는 해변의 연인들
하얀 미소 갈매기 날개 띄워보는
태종대 자갈마당 연정의 가슴을
차곡차곡 채워 보는 연인의 마당

아낙네 손발이
하얀 몽돌에 비비어
삶이 파도에 출렁거린다
고무그릇 닫쳐 있는 생명들
놀는지 탈출인지 파닥거린다
정 넘치는 상술에 울고 웃는
생존의 노래로 떠다니는 구름에
한 잔의 술로 탈출 시켜본다.

친구의 힐링(Healing)

두 작품 모두 옥작
자연에 출산하여 계학 물소리에
잘 접목하였네
가출 작품 순산에 축하하다

사진도 잘 찍어 멋있고
폭포수 흐르는 물줄기에
시가 탄생하는 산울림에
여기에 잠을 깨운다

잠자는 몸에 폐유가 나와
물줄기에 소리도 못 내고
흘러만 가네
마음은 힐링 힐링이다.

서병진

아호는 가산(嘉山), 교육부 장학사, 주례여자고등학교장 역임
국제펜클럽회원, 한국문인협회남북문학교류위원, 한국현대시인협회이사,
한국문예학술저작권협회원, 서울문학 • 청계문학 심사위원
국민훈장(녹조근정훈장), 훈장증(청소년홍익훈장), 셰익스피어문학대상,
세계예술문화상 • 고려문학상, 청계문학대상 수상 외
시집 : 『세월 속에서 꽃은 핀다』,『이파리 없는 나무도 숨은 쉰다』,
『고향은 어머니 강』,『嘉山으로 가는 길』 외

초대수필

〈권두수필〉

길

도 창 회

(시인, 수필가, 본지고문, 한국문인협회 고문)

길이 난 것은 그 길을 가는 발걸음이 있기 까닭이다. 모름지기 걷는 발걸음이 없으면 길도 없으리란 생각이다.

그러니깐 길게 뻗어있는 길 위에 사람이 거기 있어 걸어가고, 유장히 흐르는 인생길도 거기 인간이 있어 함께 흐른다. 길이 있으면 거기엔 반드시 인간이 있고 또 인간이 있어 인생길도 있기 마련이다.

길이 먼 것은 제 집에서 멀어지면 멀어 보이고, 길이 가까운 것은 제집에서 가까우면 가까워보인다. 제 집이 길의 시발점이고, 되돌아오는 종착점도 제 집이 된다. 그래서 집에서 길이 멀어지면 어딘가 외롭게 느껴지고, 집에서 길이 가까워지면 왠지 반갑고 기쁘다. 집, 길 그리고 나, 이 셋 사이 가로놓인 길의 길이를 가늠하는 거리감을 느끼게 되는가 보다.

내가 고향이 그리운 것은 고향과 나 사이 놓인 길이 멀어 보이기 때문이요, 고향 벗이 그립고 보고 싶은 것도 그와 나 사이에 놓인 길이 까마득히 멀어 보이기 때문이다. 집과 집 사이를 잇는 길, 마을과 마을을 잇는 길, 고을과 고을을 잇는 길, 도회와 시골을 잇는 길, 나라와 나라를 잇는 길 등 눈에 보이는 길이 있는가 하면, 사람과 사람 사이를 잇는 길, 남자와 여자 사이를 잇는 길, 정치인과 주민을 잇는 길 등 육안으로 보이지 않는 은의(隱意)의 길도 허다하다. 길 사이 느끼는 거리감이 있어, '아득하다' '가까웁다'라는 말을 내뱉는다.

생각하기 나름이지만 얼핏 길은 꾸불꾸불해 보인다. 죽 뻗은 곧은 길도 있겠지만 강줄기처럼 꾸불꾸불한 길로 보이는 것은 아마도 자기가 살아온 인생길이 그렇게 굽이굽이 꾸부러진 노정이었기 까닭일 것이다. 고향 떠난 유형(流刑)의 타관길이 그랬던 게고, 도회속 살얼음을 딛고 살며 가도 가도 끝이 보이지 않는 정처 없는 타관 길, 지향 없는 유랑(流浪)의 길을 밟는 발등에 지는 눈물, 그 유한(遺限)의 세월길이 똑 바르게 곧은 길로 보일 리 만무하리라. 죽어 저승 가는 길도 굽이굽이 돌아가는 굽은 길로 생각되지만, 실지로 곧은 길이고 보면 웃기는 일이 되겠지만.

길(路)자 길(道)로 대변되는 두 가지의 길이 있다. 路자의 길은 다리품을 파는 길이고, 道자의 길은 깨달음의 길이라, 두 길 다 멀고 꾸불꾸불해 보이기는 마찬가지다. 굽은 길을 걷는 발은 힘들고, 굽은 인생길을 겪는 머리는 무겁다. 역경(逆境)의 길은 육로(陸路)나 심로(心路)나 어렵고 힘들기는 마찬가지다.

바라다보아 아득한 인생길 위에 사나운 돌부리가 솟아있어 외갓집 가는 길처럼 그리 반가운 길일까. 가면 갈수록 발목이 시근거린다. 발바닥에 불이 나도록 걷는 노독(路毒)은 식질 않는다.

'있는 길이 없는 길이고, 없는 길이 있는 길'이란 말이 있듯, 있는 듯 없는 듯 한 마음으로 길을 다독여 가란 뜻인가 하면, 있어도 없는 것처럼, 없어도 있는 것처럼 내색 않고 잘 살펴가란 뜻이다. 인생길의 은의가 하도 아리송해 나 같이 길눈 어두운 사람에게는 잘 보이지 않는다. 후회할 길이라면 안 나섰으면 좋을 텐데, 고쳐 못 돌아가는 길이 인생길인가 한다.

누가 인생을 밤길 걷는 나그네라 했던가. 느지막이 걷는 밤길에 비나 눈이라도 안 내렸으면 좋겠다. 젖으면 젖은 대로 걸어가면 되겠지만 바람이라도 짓궂게 불지 않으면 그런 다행은 없으리라.

몸으로 치루는 길은 그렇다손 치더라도, 허나 육안으로 안 보이는 마음길은 깜깜한 오리무중(五里霧中)이다. 한 치 앞의 길이 안 보일 때 당달봉사 작지로 길바닥 더듬어 가듯 그 적막공산(寂寞空山)의 가슴을 어찌 하랴. 한 평생 방황하다 길 끄트머리에 당도해 비로소 다 틀렸다고 체념하고 조용히 눈을 감는다.

길은 제 마음대로 흘러갔고, 흐른 길 위에 절름거리며 길품을 팔고 있는 신수가 가엾다못해 처절하다. 지향(指向)없이 걷는 발길에 서산에 해는 떨어지고 있는데. 찬바람이 써늘히 소매 깃 속에 기어든다.

돈

도 창 회

(수필가. 전 동국대교수)

돈의 선입견은 뭐라해도 반가움이다. 돈이 손에 들리면 우선 반가웁고 기쁘다. 지폐를 들고 그게 종이 쪽이라고 생각하는 사람은 아무도 없다. 이 돈이 얼마짜리인가가 그 다음의 관심 대상이 된다. 같은 크기의 지폐이지만 일천 원짜리인가, 일만 원짜리인가, 오만 원짜리인가 그 금액에 따라 그 사랑도 층하가 지어진다.

그 재질(材質)이나 크기나 무게와는 아무 상관없이 그 지폐 안에 적힌 숫자에 따라 애정(愛情)의 척도가 달라진다. 숫자에 대한 유희의 장난이 아닐진데 그에 대한 집착이 무섭다. 참으로 숫자에 대한 인식이 여전하다.

나는 몇 장의 지폐를 바닥에 펼쳐놓고 가만히 들여다본다. 종이조각마다 값어치를 부여해놓아 "짚어라"하면 얼른 고가(高價)의 지폐를 짚어든다. 참으로 값어치에 대한 인식이란 대단하다 싶다. 값어치에 대한 인식이 없는 어린이에게 짚으라고 하면 다를 수도 있을 것이다.

다시 지폐 한 장을 바닥에 놓고 바라보며 깊은 명상에 빠져본다. 너로 인하여 울고 웃고, 또 살고 죽고 목숨을 건다고 생각하니, 너만큼 세상에서 소중한 것도 없다 싶다. 다음 순간 도대체 네가 뭐길래? 생사까지 불문코 목숨을 건단말인가? 얄미운 생각까지 든다. 하긴 돈이 나를 보고 뭐랄까, 괜스레 나 혼자 미워하고 나 혼자 실랑이를 벌리고 있는 것이다. 순간 그런 내 모습이 웃겨서 천정을 쳐다보고 혼자 피식 웃는다.

돈 돈 돈……돈이 좋다. 돈만 있으면 만사형통이다. 너도 좋고, 나도 좋고, 누구나 가지면 좋은 게 돈이 아닌가! 순간 내 윗옷 안주머니에 든 지갑이 궁금하다. 지갑 속에 지폐가 몇 장이나 들어 있을까? 천원짜리는 몇 장이고, 오천원짜리는 몇 장, 만원짜리 지폐는 몇 장, 그 수량이 궁금타. 체면이 말이 아니어서 지갑을 열어 볼 엄두를 못낸다.

나의 돈에 대한 사념이라면 어김없이 끼어드는 건 다름아닌 전철칸에 구걸하는 맹인의 손에 들린 플라스틱 돈통이다. 그 플라스틱 통 안에 납철동전 떨어지는 둔탁한 소리가 내 귓전에 또렷이 들려온다. 동정을 받는 가련한 모습이나 동정을 베푸는 인자한 모습이 엇갈리며 동전 한 닢의 소중한 보람이 바로 내 가슴으로 전이되어 온다.

높다란 은행건물 안에 쌓여있을 돈뭉치면 뭣하랴. 내 것이 아닐 바에야 그 돈이 거기에 있을 뿐, 내게는 아무 상관이 없는 것이 아닌가. 내 것이 아니면 소용없고, 내 것이 되면 흡족한 게 돈이다. 욕심을 낸다고 얻어지는 게 아닌 것이 돈이고 보면 돈복이 있는 사람이 따로 있다.

나는 언젠가 지갑을 쎄비(쓰리)에게 빼앗기고 애석하여 몹시 가슴 아파한 적이 있다. 그 지갑 때문이 아니라 그 지갑에 든 돈 때문이었다. 꽤나 큰 돈이라 아까웠다. 원통해 통 잠이 오지 않았다. 그 돈이 있으면 뭣 뭣에 잘 쓸텐데 하고 며칠을 가슴 쓰려했다. 나는 그때만큼 돈이 사람을 울리는 것을 느껴본 적이 없었다. 돈이 사람을 죽이고 또 살린다는 말이 헛말이 아니구나 싶었다. 그 돈은 끝내 돌아오지 않았다.

돈의 생리를 찬찬히 살펴보면 묘한 데가 있다. 첫째, 그 쓰임에 판가름이 난다. 유용하게 잘 쓰면 빛을 발하고, 잘 못 쓰면 쓰고도 욕을 먹는다. 쓰임이 반반하면 누가 뭐랄까, 그러나 반반하게 못 쓰는 게 돈이고 보면 돈의 생리는 알고도 모르는 것이 아닌가 한다. 쓸 데는 안 쓰고, 안 쓸 데는 쓰는 게 돈이라는 말뜻을 알 것도 같다. 돈이 있을 때 자랑말고 아껴 써라란 말도 있듯 돈이란 귀한 몸을 은행금고에 가두어 뒷날을 기약하는 유름이 되어야 하리라. 그러나 참으로 모우기가 힘들고, 또 모았다 해도 금고 속에다 가두기가 힘들다. 적어도 나에게만은.

요새 돈 보고 시집가고, 돈 보고 장가든다는 말을 공공연히 하는 것을 듣는다. 돈 많은 여자, 돈 많은 남자가 다가 아닐진데 돈으로 사람을 계산하는 풍조가 개떡 같다. 돈이 밥을 먹여 주어도 반드시 행복을 가져다 준다는 보장은 없을 것이기에 해본 말이다. 많으면 많을 수록 좋고 적으면 적을 수록 슬프지만, 적으면 적을 수록 행복하단 말도 있지 아니한가. 돈에 눈이 뒤집힌 사람에겐 천만에 말씀이겠지만.

둘째, 돈에 대한 애착이다. 분명한 것은 돈은 있을 만큼 있으면 그게 가장 행복한 것인데, 그 말은 넘쳐도 모자라도 불행하다는 뜻으로, 왜 그러한지는 자문자답이 가당할 것이다. 옛적 재물의 과욕을 경계하는 성현의 말로 '돈을 멀리하고 정을 가까이 하라'고 일렀다. 아마도 재물 때문에 친족, 친척간에 의가 상하는 것을 경계하는 말뜻일 게다. 고려조 선비 이조년(李兆年) 형제가 형제간의 의가 상할까봐 금덩이를 강물에 던져버린 고사는 두고두고 아름다운 미담으로 남아있다. '황금보기를 돌 같이 하라'란 금언이 있지만 돈벼락을 맞고 죽어도 좋으니 한번 맞고 싶다고 하는 돈에 환장한 사람도 있으니 실로 치사한 위인이다. 기껏 돈의 애착이 죽음이란 말인가.

돈이란 '있을 때 나눠주고 없을 때 벌어 쓰라'라고 하지만, 돈은 가지면 가질 수록 더 가지고 싶은 게 돈이고 보면 귓구멍에 그 말이 들어올리가 없다. 돈 먹고 돈똥 누고 잘 살아라 할 수 밖에. 하기사 돈이 있고 없는 것이 무슨 상관이랴 돌고 도는 것이 돈인 것을……제발 돈 앞에 무릎 꿇지는 말아라. 돈은 돈일 따름이다.

돈에 관한 할 말이 너무도 많지만, 선비의 점잖은 체면에 돈이야기는 입에 담지 않는다고 했으니, 돈타령을 입에 담고있는 내가 뭔가 잘못 돼도 한참 잘못 된 사람이 아니가 싶어 예서 그만 입을 다물기로 한다.

도창회

수필가
문학박사
영문학 박사
전)동국대 교수

대숲에 부는 바람은

이 성 림

세상에는 들어 앉기 좋아하는 사람보다는 나서기를 좋아하는 부류들이 더 많은 것 같다. 무언가 한 자리 해 보겠다는 사람들이 여기저기 기웃거리기도 하는 모습들을 간혹 본다.

그럴 때 두 가지 생각이 든다. 하나는, 다들 맡기 싫어 꽁무니 빼는 사람들이 많은데 그래도 하겠다는 의지를 갖는 것이 어른이든 아이든 대견스럽다는 생각이 든다. 또 하나는 그만한 자세를 갖추지 않은 것 같은데, 저렇게 하고 싶을까 하는 마음에 안타까움으로 바라보기도 한다.

그러나 크든 적든 하나의 단체가 움직여 나가려면 누군가는 장의 역할을 맡아야만 한다. 동네 사람들, 친구들, 동창관계, 학회, 문단, 종교관계 등 소소한 모임들이 많다. 돌아가면서 일을 맡게 된다. 그럴 때 전임자가 한 일에 대하여 말하지 않는 것이 예의일 것 같다는 생각이 든다. 나름대로 각자의 생각과 스타일이 있으니 그것을 존중해 주어야 하지 않을까 싶어서이다. 사람들이 많다보니 구성원 저마다의 견해에, 때로는 배가 산으로 가는 경우도 보이기 때문이다.

생각해 보면 나만 못한 사람 없고 말 못하는 사람도 없고 똑똑하지 않은 사람도 없는 것 같다. 다 똑똑이요, 다 잘났다고 외치는 세상살이를 구경하게 된다.

『채근담』은 조지훈 시인의 번역본을 김동욱 교수님께서 평정심 잃지 말고 공부 열심히 하거라고 건네주신 책이다.

대숲은 얇은 바람결에도 소리를 내지만 바람이 가고나면 고요해진다. 못물은 무엇이든지 떠오르면 비치지만 가고나면 아무런 자취가 없다. 군자의 마음도 대숲과 못물과 같으니 事物이 오면 應接하되 간 뒤에는 거리낌이 없다. 戀戀히 執着하는 마음을 버려야 어지러운 세상에 自在함을 얻을 것이다.

책상머리에 올려져 있는『채근담』의 한 대목을 가져 왔다.

이렇듯이 대숲에 이는 바람은 그것이 왔을 때 소리를 내고 연못에 비치는 것도 무엇인가 떠오르면 비치지만 가고 나면 아무런 흔적도 없이 다시 고요해진다는 것이다. 그러니 일이 생겼을 때 마땅히 나서서 일을 처리하고 그렇지 않을 경우에는 일체 관여하지 말라는 것이다.

부재불모(不在不謨)라고도 하지 않던가. 그 자리에 있지 않을 때는 아무 소리 말라는 것이다. 그 자리에 있지도 않은 사람이 이러쿵저러쿵 하는 것은 도리에 맞지 않다는 것이다. 그 자리에 있는 사람은 그 나름으로 최선을 다 하고 있는 것이다.

어느 때는 관여하기보다는 그저 말없이 바라봐 주며 마음으로 잘 해 나가기를 기원하는 것이 훨씬 평화로울 때도 있어 보인다. 자문을 구할 때 그때 응해주는 것도 늦지 않다. 그 후에는 거리낌 없이 놓아 버리라는 것이다. 연연히 집착하는 마음을 버리라는 것이다. 나 때는 이렇게 했는데, 하는 마음을 버려야한다.

명리(名利)를 마음에 두지 않으니 그 얼마나 평화로운 경지인가를 생각하게 해 준다. 집착하는 마음이 있으니 좋아함과 싫어함도 있는 것이다.

삿된 마음을 버릴 것이다. 고요할 따름이다.

이성림

수필가
문학박사
은평문협회장인 명지전문대 문창과 교수

신작시

벚꽃 잔치

김 선 태

안산 자락 벚꽃이
활짝도 피어
수많은 사람들이 모여들었다.
꽃에 취해
봄에 취해
신이 났지만,
이 벚꽃에 숨은 뜻을
헤아리지 못하고
일본의 大和魂에
길거리는
벚꽃 잔치 한 마당으로
취해 버렸다.
세계 곳곳에
벚꽃을 심은 일본의 의도
온 세계는 일본의 영토
마음의 지배
우리만은 각성하자
노브유끼의 망언을
100년이 지나도
일본이 심은 식민지 의식
사라지지 않을 거란
그 공언이 무엇을 뜻하는지

되새겨 보자.
일본의 숨은 간계.
벚꽃을 보면서
치욕의 역사 되풀이 않게
우리 모두 각성하자!

* 1945년 9월 8일 일본 마지막 총독 [아베 노부유끼]는 하지 중장 앞에 항복문서에 서명하고 9월 14일 일본으로 돌아가면서 "우리는 패했지만 한국은 승리한 것이 아니다. 장담하건데, 한국민이 제정신을 차리고 찬란하고 위대했던 옛 조선의 영광을 되찾으려면 100년이라는 세월이 훨씬 걸릴 것이다. 우리 일본은 한국민에 총과 대포보다 무서운 식민교육을 심어 놓았다. 결국은 서로 이간질하며 노예적 삶을 살 것이다. 보라! 실로 조선은 위대했고 찬란했으며 찬영했지만 현재 한국은 결국은 식민교육의 노예로 전락할 것이다. 그리고 나 아베 노부유키는 다시 돌아온다." 라는 말을 남기고 떠났단다. 이 말의 숨은 뜻이 무엇인지 우리 모두 되새겨 보아야 할 때가 되었다. 일본은 다시 제국주의를 꿈꾸며 재무장을 진행하고 있다는 것을 명심하자.

SNUH(서울대 병원)

가장 좋은 병원?
가장 복잡한 병원?

15분 만에 7명씩이나 예약된
초스피드 진료
한 사람당 단 2분.

그래서 사람들이 몰리나?
수많은 사람들이 몰려서
전문의 지정진료 예약하니
한 달 후 겨우 잡혔는데
개인전문병원은
단 2 시간 뒤로 예약 완료!

진정 최고의 병원은
환자의 병을 제대로 보는 병원이어야

아무리 잘 보아준다 해도
인턴이 자리잡고 앉아
전문의 보기가 하늘의 별따기.

과연 이렇게 복잡한
시장바닥보다
더 붐비는 병원에
사람들이 몰리는 까닭은?

개미 마을

인왕산 기슭에
오순도순
아랫집 지붕보다
더 높은 윗집 마당
제비집 같은
집들이 모여 있는
개미마을

푸른산 기슭에
옹기종기
푸른 나무 사이사이
그림 같은 집들
평화롭고
아름답기만 한
개미 마을

약수터에서 흘러내린
졸졸 졸졸
맑은 시냇물 소리
고물고물 올챙이가
헤엄치는
청정지역 우리 마을
개미마을

노인 자서전 쓰기

세상을 겪어온 일
주름진 얼굴
구석구석에 스며 있어

내 손맛의 비밀?
며느리도 몰러?!

세상을 호령하며
세계를 누비던 일
허연 백발로 꽃 피어

세상 사는 이치가
어디 그렇던감?!

작으나마 지혜를
여기 담아 전하리니…

김선태

한국아동문학회 회장. 노년유니온 위원장
국가부랜드위원회 문화멘토, 서대문문인협회 회장(前)
한글학회 정회원. TV건강 강사
문화해설사
前) 경기도 고양시 원중 교장

신작시

엄마가 아니면

김 가 원

엄마가
아니면
현관 앞에
한 소쿠리의
다듬은 시금치,
누가 놓고 가나.

엄마가
아니면
어느 누가
두고 가나
밥알 뜬 식혜,
콩 박힌 백설기.

울 엄마
엄마니까
달래 뿌리
곱게 다듬어
딸이 올 텐데,
갖다 놓으셨지.

어버이
마음이니
울타리 콩
두고 가셨지
콩 밥 지어서,
맛나게 먹어라.

풀벌레의 학습법

여름 풀벌레의 방에는
자기주도 학습법 있어

아빠 풀벌레 찌르찌르
엄마 풀벌레 뜨르뜨르
아기 풀벌레 옴마옴마
따라서 한다

말주머니에
생각그물 펼쳐
노랫말 가득 채우고

풀잎 물고 찌르찌르
꽃잎 물고 뜨르뜨르
이슬 물고 옴마옴마

자기주도적 학습법으로
열공하는 풀벌레 가족

감성나무 심어주네

초롱초롱한 아이들 앞에
잊혀져 가는 선현들의 미담
무릎교육으로 되살리네

한국적인 것이 가장 세계적인 법
우리 옛 이야기 도란도란 들려주며
생각 깊어지는 감성나무 심어주네

조손 세대 간의 원활한
문화 소통에 힘입어
큰 생각 펼치기
높은 생각 정리함 쌓아가라 하네

방정환 선생님 생시인 양
"우리 어린이들 잘 부탁 합니다"
어린이 자아 형성에 힘껏 발돋움하라
잠자는 영혼 흔들어 깨우네

"네, 최선을 다 하겠습니다"

이 나라 미래의 기둥들아!
잘 자라거라!

튼실한 나무로 곧추 서거라!
당당하게 곧추 서거라!

김가원

본명 : 김지향
국민대학교 문예 창작 대학원 졸업
한국문인협회 회원
글 사랑 문학회 동화 구연, 시 낭송 다수 수상
석창포 식물원 원장
서대문문인협회 편집국장
동화 구연 강사, 논술지도사

신작시

가을 풍경

김 재 기

소슬바람 타고 온 귀공자 같은
가을! 가을이
청낭자 맴돌던 벤치에 기대어 앉아
청잣빛 서정을 노래하네

계절의 수레바퀴를 이탈한
따가웠던 여름 햇살은
핑크빛 기염을 토하며
벌거숭이 상사화 터트려 놓고
배롱나무 꽃 속으로 스며들었네

사색에 심취되어 낭만을 스케치할
귀공자 같은 가을이
머잖아!
심중에 낙엽 지는 소리 들려올까 봐
서둘러
국화꽃 그윽한 향기 속에
둥지를 튼다네

그리움의 강

고독은 텅빈 가슴에 둥지를 틀고
그리움의 물결은 거친 파도를 타고
속속들이 밀려옵니다

무거운 달빛 아래로
고요가 말없이 흘러가는 야심한 밤입니다
영원한 만남도 사랑도 없다기에
사랑은 강물을 타고 흐르다 그만
깊은 수렁으로 빠져들고 맙니다

이제 그 둥지를 가득 메운
형용할 수 없는 공허함이
갈증만 더해 갈 뿐입니다

까맣게 밀려와 움직일 줄 모르는
구름마저도
지독한 외로움의 장막일 뿐입니다

베일에 가려진 해묵은 고독마저도
살얼음보다 시림으로 다가와
뇌리를 짓누르며 아픔을 더해 줍니다

뜨겁게 작열하는 정오의 태양보다
그리움은 더 한층
뜨겁고 강하게 가슴만 태워 줍니다

그리움은 오히려 고독의 성을 드높여 줄 뿐
치유되지 않는 열병입니다

그물을 던져 그 애절한 그리움
포획할 수만 있다면
한순간 고독은 무너지고
참행복은 다가올 것입니다

하늘공원 축제

하늘공원
천국 잔치가 열리던 날
초청받은
우정의 선남선녀들이
공원 초입에 이르자

그 여느 때와 같이
화사하게 새색시 분장을 한
어여쁜 코스모스가
가녀린 몸짓으로 다가와
와락 포옹을 한다

금세 시샘이라도 하듯
서산마루에 걸려 있던
붉은 해는
은빛 억새의 눈총도 잊은 채
저만치 떠오르는 달을 향해
은밀한 밀어를 속삭이며
기울 줄을 모른다

오색 단풍잎이랴
형형색색 밀려드는 인파

마치 한 폭의 수채화를
연상케 한다

하늘공원에 오르면
유유자적 흐르는 한강의 물빛 따라
도심 속 네온 불이 흐르고
억새의 은빛 물결에 취한
바람도 별빛 따라 흐른다.

김재기
서대문문인협회 감사

신작시

육肉굿

김 종 제

슬쩍슬쩍
발걸음을 옮기는
서늘한 기운이
등줄기를 타고 올라오면서
모골이 송연해지는데
함박눈이 내리는 줄 알았다
처음에는 그랬다
중얼중얼 뭐라고 입 밖으로 내뱉는데
온몸이 따스해지고
슬며시 열이 올라오는 것이
아직 불씨 남아있는 화산재가
하늘하늘 떨어져 내리는 것이었다
그것도 찰라였다
손바닥을 찢고
가슴을 열어젖히더니
한 마리 두 마리 날개를 펼치더니
수 천 수 만 마리의
오색 무늬 나비가 날아다니고 있었다
내 살점이 떨어져나간 것이 분명했다
나도 모르게 팔이 흔들렸다
다리가 휘청거렸다
혓바닥이 칼날 같았다

발바닥이 작두 같았다
눈앞이 천길 허공이었다.

포도나무 필사본

몇 천 년 전이었을 것이다
누구는 신이 틀림없다고 하고
누구는 사람일 수밖에 없다고 하는
한 사내가 씨를 얻어
폐허에 포도덩굴 몇 그루를 심었다
포도덩굴마다
1만 개의 가지가 나고
가지마다 1만 개의 열매가 열리고
열매마다 1만 개의 포도알이 달렸다
공터에 모여든 사람들에게
그 열매를 나눠주면서
너희 입으로 들어가는 것이
너희를 더럽히는 것이 아니요
너희 입에서 나오는 것
그것이 너희를 더럽힐 것이다
내가 세상에
평화를 주러 왔다고 생각하겠지만
내가 땅 위에 불과 칼과
전쟁을 던지러 왔음을 알지 못하는도다
너희는 마지막을 찾기 위해
처음을 발견하였느냐?
처음이 있는 곳에 마지막이 있느니라

라고 말하면서
나무에 묶여 못에 박혔다
붉은 피가 뚝뚝 떨어지면서
언덕에 포도나무 필사본을 만들었다.

포옹

선사시대를 지나
마침내 두 다리로 걸어다니게 되면서
인간이라고 스스로 명명한
짐승들이 찾아다닌 것이 있었으니
그들이 어디서 시작되었으며
어디로 가게 되는 것인가였다
그리하여 불도 뒤져보고
얼음도 파헤쳐보고
심지어 지하 깊숙한 무덤도 들어냈지만
건진 것이라고는
몇 점 화석과
색이 바래 희미해진 벽화뿐이었다
그 사이에 구세주가 다녀갔다고 하고
종말이 다가왔다고 하고
그 틈을 이용해서
이름도 모르는 신들이
새롭게 태어나기도 했다
마지막 희망으로
그들이 내게 보낸
부서진 화석과
지워진 벽화를 찬찬히 들여다보니
숫컷 하나와 암컷 하나가 보였다

벌거벗은 채
두 팔을 감싸안으며 꼭 끌어안고 있었다
둥근 모습이 어느 별을 닮았는지
천천히 굴러가기 시작했다

김종제

1993년 자유문학 등단
한국문인협회 회원
한국현대시인협회 이사
한국자유문인협회 이사

신작시

그때는

권 영 미

아침마다 만나는
부드러운 햇살이
당신의 눈빛을 닮아있어
다따가 하늘이 보였습니다.

그때는 당신의 사랑과
관심이 부담스러워
집착이라 여겼습니다.

평행선 끝자락에 서있어도
우울했던 시간속으로
돌아가고 싶지는 않습니다.

우리의 무지개는
깊은잠에 취하여
다시는 찾을 수 없기에....

실 터의 비밀

손잡고 거닐던 오솔길
변함없이 들꽃은 피었는데
허수한 마음에 뜨거운 비가 내린다.

하룻길에 있던 너
갈개꾼의 입담에 속아서
마지막 이별도 못 하였구나.

서쪽 하늘 지샌 달 곱기만 한데
올 수 없는 그 먼 길
내 건너 배를 탔느냐.

살붙이 같았던 친구야
들썽이는 이 마음 어쩌라고
덧없는 인생사가 시름없다.

실 터에서 만들었던
유년의 비밀 이야기
가슴에 묻어야 하겠지!

열구름

어둠별 유혹한 햇귀가
서리 담은 샛바람 재촉하여
낙엽 위로 걸어온 끝에서

검은 안개 부러진 날개를 흔들며
마른 목으로 이슬을 삼키고
느릿느릿 고샅으로 스러진 날

거친 손등에 미련만
방울방울 진주로 태어나고
감감한 사랑은 속절없이 거울 집니다.

볼 수 없는 마음자리
눈썹 씨름만 시드러워
오늘만 애절한 열구름이 됩니다.

권영미

전)대한문인협회 문학회장
전)한울문인협회 홍보위원장
현)한국인문학 이사

신작시

단풍드는 날

예랑 변순화

가을 벚나무 잎사귀
사각사각 빨간물 드는 소리
갓길 꽃분홍 코스모스
고개짓하며 잠깨는 아침
빠끔이 곁눈질 하는 태양
동산 머리 하얗게 벗겨낸다

샘 많은 새벽안개
쪼르르 달음질 하는 산동네
개울가 참나무 숯가마
뽀오얀 연기 하늘 가르고
여문 콩밭에 놀던 아침이슬
시골 어멈 소원 물어 본다

황금빛 품어 익은 나락 논
지아비 꿈 알알이 차오고
가을걷이 바쁜 손길
아침 밥상 후우~훅 국 식혀먹고
챙겨든 연장 등짐지고
젖은 억새 풀 헤치며 간다.

내안에 그대

맛있는 밥 먹으러
예정원엘 갔더니
차려진 애찬 곁에
고옵게 차려입은
시들이 동동 떠다녀
같이 먹기 바빴어

커피 향 가득 담긴
카페에 들어갔다
줄줄이 꿰진 싯구
쏘옥쏙 마음 뺏겨
진종일 내안에 그대
돼버리고 말았어.

만남의 행복

매콤한 겨울 날
사랑하는 이 셋이 만났다.
내가 두 분을 사랑하고
그 두 분이 날 사랑함으로
아! 참 행복하다.

조밀조밀한 삶의 철학
서로 논하며 오가는 미소

하얀 눈 꽃 핀 언덕길
눈썰매로 달려도 보고
첫사랑 연둣빛 사연들
추억 속에서 꺼내 걸어 놓고
덧칠해가며 꾸며보기도 한다.

지고한 세월에 육순을 넘긴
손이 고운 여인과
맘이 고운 여인이
가려하는 나를 잡아 앉히며
밥 한 끼 먹자 간청 한다.

그래도 바빠 가는 나를
붙쫓아 배웅하며
정을 쏟아 모은 손 꼬옥 잡고
헤어짐 보다 또 만날 기대에 찬
행복한 이별을 한다.

변순화

경북 청도 출생
감리교 신학대학 재학
강남전선 판매 이사
문예사조 등단
서정문인협회 회원

신작시

어머니의 꽃

서 수 옥

어두운 창문 틈으로 꽃말 하나가 드리워
새벽 내내 궁금하여 소심하였던 어머니
면 발치로 수화기를 들고 따뜻한지 시원한지 궁금하여
홀로 시늉만 하였다가
처량하게 수화기를 놓는 시늉 몇 번이던가

아들은 철쭉, 딸의 이름은 분꽃
꽃 색마다 이상함이 물들까 근심하였다가
밤을 새우길 몇 번이었을까
비 나리는 날 흙물이 되어 너의 몸을 다칠까 우려되어
제 몸 으스러지는 줄도 모르던 어머니 꽃

어머니는 분꽃에 붙은 진딧물을 입으로 모두 핥아 내리고도
아무렇지 않게 딸의 몸을 털어준다
얼마 후 입이 중독되어 죽음을 맞이할 때에도
아들의 와이셔츠를 다리고
다시금 화선지 한 장을 펴놓고
생각에 잠기었다가 깨어보니
화선지 곳곳에 눈물이 튀어 있었다

계절이 다 바뀌어도 한 폭의 그림으로 남은 세상
목청껏 무엇을 부르는 이 있어 들여다보니

이백 년 전의 철쭉과 잃어버린 분꽃 사이에
어머니가 서 있었다

아버지의 손 편지

내 보물 상자에는 사계절이 들어 있다
빨간 머리 삐삐의 뒤죽박죽 별장처럼
뭐든 꽁꽁 싸매 가둬놓는 내 못된 습성에
늘 가득 차여 있는 내 창고
이미 그는 자기의 기능을 상실한지 오래다

유품을 정리하듯 정성스레 봉다리 봉다리 묶여있는 끈 들을 풀었다
눈에 띄는 것 하나
2010년 10월 23일 셋째 딸 고춧가루 5근
아버지의 손 글씨 쪽지가 붙어있다
몇 해를 이 어둠 속에서 잘도 숨어 있었다

그러나 어둠을 걷어내는 순간 나는 그만 눈물이 왈칵 쏟아졌다
아버지의 흰머리처럼 고춧가루도 백발이 되어 있었다
오래오래 간직하면 평생 변하지 않을 줄 알았다

이 쪽지를 적으며 맛있게 먹어줄 셋째 딸을 생각하며
아버진 얼마나 좋아하셨을까?
그런데....
미안한 마음에 얼른 봉지를 묶지 못하고
염하듯 정성스레 꽁꽁 싸매 心棺 (심관) 속에 넣고 화장을 했다

아버지의 손 글씨는 여기에도 저기에도 남아있다
김치 통 위에도 꽁꽁 싸매 얼려둔 마늘 위에도
아버지의 향기는 늘 남아 있었다

이 쪽지를 언제까지 받을 수 있을런지......

어느 퍼포머 이야기

삶을 노래했다
그는 죽음을 노래했다
얼굴에 먹칠을하고 옷을 벗어 던지고

생의 긴 인연을 따라 걸으며
그는 점점 하늘로 치솟았다
道의 경지에 이른 것일까
끝없이 오르는 숨막히는 절정
그는 토해내듯 몸을 틀어
날뛰었다.

막다른 길에 몰린 한 마리 작은 생쥐마냥
작은 몸을 떨며 절규했다.
무엇이 그를 靈의 세계로
끌어 들였는지...
결국 그는 망치를 들어 관을 박고
항아리를 들어
목을 축였다

인생 별거더냐...
어차피 한세상 살다 가는거이
다 그거이 그거지...

안그런가?
그의 그림자처럼
오늘 하루도 그렇게 가버렸다.

초라한 뒷모습처럼 그렇게
그는 소리없이 흐느꼈다.
어흐~~어흐야~~

서수옥

시인, 시낭송가 ,연극인
시마을 낭송작가회 회원
한국웅변협회 문학분과 위원장
신문화 예술인협회 문학분과 이사
전국 시낭송경연대회 대상
전국 재능 시낭송대회 서울 최우수/ 본선 금상 수상
시숲 아카데미 시낭송 강사
서정문학 신인문학상 시부분당선

신작시

위안부(한 많은 청춘을 불사르고)

서 성 택

험난한 세월 속에 파묻혀
숨도 제대로 쉬지 못한
일제 강점기의 미모의 여성
악랄한 왜놈들의 위안부가 웬말이냐
강압에 끌려간 댕기머리 처녀
해방에 풀려나 한 많은 귀국길

놈들은 세월 속에 솟아나
그때 저지른 살인마들
언제 그랬더냐 인면수심족
보상의 대가성은 세월따라 우물쭈물
일본의 고위층 용두사미 발뺌
천기의 용트림 제2의 쓰나미로

피의자 야만족들 섬나라
과거 지은 죄 속죄하라
천년 백년 속에 지울 수 없는 죄
매춘부 할망구로 악담의 죄 천벌의 길목
일본의 형체는 공중분해 될 지언정

신작시

오늘 하루

아침 창문을 열면서
향기 뿜은
시원한 바람을 가슴에 담고
동녘의 햇살은
나를 깨운다
고된 하루를 짊어지고
뛰어야만 산다네

저녁 노을은 서산에
방긋 웃는 꽃
반가이 안으며 위로의 손길
희미한 등잔불
나를 재운다
고된 하루를 벗어놓고
내일의 삶 빛내리

사랑을 남기고 간 영혼

서로가 주고 받던 연인
어느날 갑작스레 숨결이 멈췄단다
소식을 접한 순간 나도 몰래 주저앉아 버렸다
그대는 혼령이 되어 천당길로 오르는 모습
무지개 타고 선녀로 변신
나 혼자 침묵속 저승에서 만남을 약속
내 뺨을 적시는 눈물속에 그대를 안았다
사랑해요 그곳을 찾으리라

말없이 서로 품은 사랑
숲속에 가려진 무한의 힘이 되어
못다한 사랑을 담고 여기까지 동행의 길목
그대는 이몸과 함께 원한 천리길도 손잡고
꽃바람 속에 담은 사랑
거칠은 세월속 행복을 누렸으리
언제나 그대는 내 가슴속에 안겼어
깊은 사랑 그대의 꽃이 되리라.

서성택

좋은문학 시 부문 신인상 수상, 월간 국보문학 수 부문 신인상 수상
재경 대구 · 경북도민회 자문위원(현), 국걸문학 작가회장
(사)한국문인협회 이사, (사)서대문문인협회 회장
한민족(연합) 남북공동대표, 국제 펜클럽 회원
한국문화예술신문 문화대상 수상(2011)
월간 국보문학작가협회 회장, 전국자연결토중앙회 자문위원

신작시

뻘 배

신 순 애

썰물이 빠져나간
갯벌을 헤엄친다
밀치는 무릎 따라 문신을 새기면서
뻘밭은 광활한 대지
숨은 보석 찾는다

한평생 젖은 바닥
온몸으로 할퀸 여로
소금기 짠 내음에 얼룩진 서러운 배
바다 향 질편한 바람
손놀림 속 머문다

세상사 어찌 그리
마른 옷만 입다더냐
부딪쳐 부서지는 날개옷 허망 자욱
해안선 밀리는 파도
덫에 묶여 잠든다

갯 뻘

밀집된 지하 동굴
날렵한 뻘 속 게들
그들의 세상에도
경계는 필수여서
잽싸게 늘 들며 날며
한 생애를 사는 갑다

뻘밭은 해조음에
귀를 주는 어패류 떼
바닷물 출렁임도
속살을 넓히여서
우리네 식탁의 풍요
즐거움을 주는 갑다

얼레지 꽃

갈라진 바람개비
바람소리 절로 나네

끝마다 뒤로 올려
귀밑머리 시원하네

늘어진
기다란 꽃술
해를 등진 땅속 보네

신순애

서양화가
군산 출생 아호 蘭禎
한국문협 문인권익옹호 위원
한국아동문학 운영위원
한국여성 시조문학회장 역임
시조집 : 「노을에 타던 강」 81
동요집 : 「조롱박」 85
시화집 : 「사랑초 꽃」 외 3권 총 8권 출간

신작시

동심초 (同心草)

신 예 문

인왕산 비탈길 따라
슬픈 바람결에
꽃잎 하나
흩어진 발자국엔
꽃잎은 맴돌아
맴돌아, 상처만 아린데
잡초들 우거진 자갈밭엔
그리움만이 노랗게
참, 잘도 자란다

바람이 흔들고 간
영혼의 꿈 머문 자리에
오늘 외로운 햇살 한 줄기
꽃잎에 이슬방울 촉촉한데
안개 짙은 오솔길 옆
꽃잎 또 하나
그 이름
슬픈 냄새가 그렇게도 눈부신 동심초(同心草)

그는 오늘
하얀 꿈을 먹고 자란다.

꽃보다 더 아름다운 꽃이 전하는 말

지금 내가 웃고 있는
이렇게 기분 좋게 활활 웃고 있는
그 까닭은
나를 바라보고 있는 당신
그 눈빛이 진정 눈부시기 때문입니다

그렇게 힘겨웠던 그 긴 겨울 이겨내고
여기까지 용케 온 것은
당신의 그 넓은 가슴에서 흘러내린
따스한 샘물 덕분이었습니다

언제쯤
환한 웃음 뒤로하고
행여 내 눈빛 적셔있어도
그건 슬픈 인사 때문만 아닌
짧은 만남, 그 순간 순간이
아쉽고 너무 행복했기 때문일 것입니다

다시 겨울이 오고
그 겨울 지나 봄날이 오면
우린 그때도 하얀, 노오란, 진분홍 빛깔로
근사한 잔치 한마당
그런 만남이 꼭 올 것을 기대합니다.

겨울비

너는

불타는 태양까지
뒤로 밀어내고 검은 장막 속
대체 무슨 일 있어
꽃망울 터질 듯 터질 듯
그렇게 감질 내면서
겨우
꼿꼿한 칼바람 하나 앞세우고
흐르는 눈물 주체 못한 체
차갑게
얼어버린 언어가 되었는지

너는

아무도 반기는 이 없는
지상, 꽃이랑 나비랑
모두들 어딜 가고 없는데
그 한 시절
파아란 사랑 하나만 기억하고
대책없이 내려와
누구,

이지러진 영혼 한 구석
제대로
씻어내질 못하면서
철딱서니 없이 땅바닥에
철퍼덕 누워
싸늘히 얼어붙은 영혼이 되었는지

너는.

신예문

경기 파주 출생
성균관대 법대 졸업. 창조문학 시부문 신인상 수상.
한국문인협회 회원. 서대문문인협회 부회장.
시집-가슴속 백합꽃은 지지 않는다. 백합꽃 향기 그 이름으로,
공저-바다 그리고 시인. 그리움의 원근법 외 다수

신작시

나

申潤浩

나 자신을 뒤돌아 보자
나는 누구 이기에 있는가
비판과 비교도 해보자
남을 위해 얼마나 나누었나

흔들리지도 말고 휘말리지도 말고
너무 깊이 빠지지도 말고
지난날이 과연 정확성 있는가
내가 바라는 게 무엇인가

자신에 미소 지을 수 있을까
온 세상 사람들에 내놓을 수 있나를
남에게 미소를 줄 수 있나
기쁨을 나누어 줄 수 있나를

외로워하는 자에게 기쁨을
넉넉함을 배려할 수 있는지
쓰러진 사람 일으킬 수 있나?.

마음이 맑은 사람

마음이 맑은 하늘처럼
밝고 청명한 사람

자세도 바르며 곧은 길만 선택
성심이 굳은 사람

마음이 항상 편안하다
어두운 밤은 보이질 않으며

단단한 길을 밟으며
젖은 길은 피한다.

옆 사람에 절대 피해는 없으며
차라리 본인이 망각한다

헐벗은 사람을 보면
자기 옷을 선뜻 벗어

얹어 주며 흐트러짐을
보지 못한다.

장가 블-루

세상에서 가장 아름답고
꽃보다 어여쁜 미소

지구 상에서 더없는
이슬만 걷는 천사

성품이 고요, 고귀한 몸매
보석보다 찬란한 빛

실바람처럼 한들거리는 유희
하늘과 궁전만 오가는 무지개

언제나 수줍음에 숙이는 고개
그 소녀 그리다 멀리 온 사십육.

신윤호

한국 문예사조 詩수필 신인상, 국제 나사렛 대학교 총장 표창, 국제 나사렛 대학교 이사장 표창, 국제 나사렛 대학교 대학원장 표창, 한국 연세 대학교 원장 표창 한국 한비문학 문학상, 한국 민족문학 우수상, 한국 민족문학 가협회 표창, 한국 문화 진흥원장 표창, 한국 민족통일 중앙회 표창, 한국 서라벌문예 공로상, 한국 시와 수상 문학 공로상, 한국 한비문학 공로상, 한국 문학정신 베스트 작가상, 한국 문예사조 표창, 한국 크리스찬 문학 표창, 한국 서대문구청장상, 민정당 서울7지구당 대통령표창, 한국 문화 예술 연예 문학 대상, kbs춘천방송개국 68주년 기념작품가곡(어머니), 서울시(詩)선정 당선작품 (민들레), 한국 시 (詩) 대사전 등재 , 한국 문인 협회 문학 정보위, 대한민국 국가상훈 등재, 한국 서대문 문인협회 이사, 한국 크리스찬 문학 이사, 한국 민족문학 가협회 부총재, 서라벌 문예원 부회장, 시와 수상문학 부회장, 도서출판 글벗 부회장
저서 : 「사랑뒤에 오는 사랑」, 「하늘꽃 구름에 누워」

신작시

월정사 가는 길에

유 지 희

전나무 숲길 걸으며
인연에 대하여 생각한다
이승의 길에서 만난 많은 사람들
우리는 전생에서 무슨 인연이 있었기에
만나고 헤어지고 또 만나며 살고 있는가

인연 맺은 사람들이
가슴 속에서 연꽃으로 피어난다면,
눈 감을 때 저녁 노을처럼 다가온다면,
잘 살았다고 하면서
풀잎에 맺힌 이슬
흙으로 스며들 듯 가리라

노란 상사화(相思花)

너를 만나러 강화에 있는
전등사로 간다

노란 상사화 군락지에서
연초록 줄기 끝에
한송이씩
노란 그리움으로 피는 꽃

살아생전
꽃과 잎이 한 번도 만날 수 없는 운명
꽃과 잎은 서로를 애타게 부르지만
꽃이 떨어지고서야
잎이 나오니
그 잎이 떨어지고서야 그들은 내세에서 만나는 걸까?

꽃 진 자리에 잎 돋아날 때
한 줄기 바람으로 스치듯
찰나의 사랑으로 만나는가

한강에서

은빛 반짝이는 물결에
눈 뜨는 영혼

나
어디로 가는 걸까?

상처로 얼룩진
아픔 접어두고

강처럼
끝없이 흘러

내가 닿을 곳
그 어디일까?

한강 다리 건널 때
등에 업힌 그리움

나
누구를 만나러 가는 걸까?

불씨 사그라들기 전

다시 타오르게 해야 할 일

숙제로 남아 있음을
나는 안다

유지희

1998년 한맥문학으로 등단
한국문인협회 정책개발위원
서대문문인협회 부회장
서포 문학상, 후백 황금찬 시문학상, 서대문 문학상 수상
시집: 「삶은 나무도 깊은 사랑이어서」, 「천 년의 사랑을 잃어버린 듯」, 「시간과 마주칠 때」 발간

신작시

가을 이야기

이 미 영

짧아진 햇살 아래
서로를 깍지끼고
소소거리는 억새

단풍진 가을숲에서
일렁이던 가슴
어쩌다 등 뒤로 숨어버리지는 않았는지
저무는 강가
서둘러 가는 철새 낯설어
허둥대지는 않았는지

내게 한번 꽃이 된 사람
계절을 지나
설령 하르르 진다해도
너는 내내 기쁨이고 슬픔이다

가을이 소리없이 지고있다
단풍 익어가던 하늘
소슬바람에 날아간다
오늘은 그 누구와 앉아 얘기하나.

실종(失踪)

지하철 4호선 오이도행
햇살 길어지는 봄날
낯익은 남자가 동행 한다

긴 퍼머 머리
철 지난 바바리를 입고
세월 그 어디쯤 달려가는
다 큰 미아(迷兒)

서울역 광장에서
혹은 낡은 지하도에서
살아가는 안목(眼目) 잊고
앞을 향한 시간을 빼앗긴 사람

문이 열리고 닫히는 역마다
이기적인 역마살 하나씩 던져두고
열차의 시작과 끝을
소통하는 그는

오늘
안식과 도피처를 찾아
불안한 도시를 가로 지른다.

반란

다음 생에도 다시 사람으로 태어나면
우리 또 여보당신 하자
나는 싫어요
이생에서 실컷 살아봤는데
또 살아?
다른 사람 만나 살아볼래
그래서 말인데
우리 저 위 세상
길에서 만나면 모른 척하고 지나가기
열에 아홉 여자는 아는 척 안하기
열에 아홉 남자는 마누라 붙잡고 안놓기
왜냐고요?
남자는 또 다른 여자 만나면 피곤하다네
아니아니
나는 그냥 혼자 살래
근데 우리 언제까지 손목발목 묶여 살지?
바보 같은 여보당신
그렇게 세월 보내며 살아간다
당신 덕분에 잘먹고 잘살았다는 말
차마 못하는 내 50대의 어느 날.

이미영

한국문인협회. 새한국문학회. 시문회, 서대문문인협회 홍보위원장
한국문인 편집실무위원역임, 전국김소월백일장 심사위원
필문학회 회장역임, KBS라디오 전국주부백일장 입상외 다수
시집 : 「내일도 부는 바람이 있음으로」
공저 : 「눈썹달 하늘에 걸고」 외 다수

신작시

내 유년의 호박꽃

이 강 흥

오란 빗소리가 여름을 울리면
돌담길 담벼락에 빌붙어 축 늘어진 무게가 힘들어도
활짝 웃는 연노란 꽃잎들이 누굴 기다리나

마을로 이어지는 봇도랑물에서 멱감고 피래미 잡으며
여름 좇던 내 유년의 시절도
어느새 장맛비 속으로 사라진다

툇마루 앉아서 쳐다보면 물에 빠진 생쥐처럼 움츠린 닭들이
헛간에 모여서 꾸벅이고 서있을 때
시집간 큰누님 마중나간 아버지는 돌아와
졸고 있는 닭 한 마리 후닥 잡아 가마솥에 넣는다
보양을 시키려나보다 빗줄기가 잠시 숨을 멈추면
잃어버린 친구 생각에 내 몸안에 피어오른 호박꽃처럼 영글어 간다

더위가 언제나 익어가려나 하시던 아버지도 못내 아쉬운 여름날의 이야기가 그리운 시절
뻐꾸기는 밤새 뻐어꾹 뻐어꾹 울어 내 유년의 별밤을 헤매일 때
살아 생전에 아버지 생각을 찾으려 고향 대청마루에 앉으면
물동이를 머리에 인 누님의 엉덩이처럼 담장에 핀 호박꽃들이
빗소리에 이리저리 흔들며 토닥토닥 꽃 눈으로 말을 한다

쳐다보는 눈망울처럼.

널, 그리며

비 오는 날 웃는다
널, 그리며
세는 빗소리
그 때
돌아보니 생각이 난다
땅 밑 새움의 그리움처럼.

너를 보니 알겠다, 봄이란 걸

내 몸이 보지 않아도 봄은
기다리는 가슴의 두근거림에서 먼저 핀다
겨우내 닫혀 있던 마음이
창가에 부는 바람처럼 솔 솔
틈새 사이로 찾아오는 시련의 두근거림이
결혼하는 봄처녀의 설레는 짝짓기처럼
이제야 봉오리로 열매 맺듯
봄은 봄처럼 선택의 책임이 있는가 본다
아무리 가치없이 한 낯 보이는 꽃도
소식을 알리는 전령사로 소중한 의미를 주었다
어쩌면 가슴이 터질 듯한 봄의 향기를 느낄 수 있는 것도
웃는 당신이 있기에 가능하다
언제나 우린 세상이 단순하게 핀 것처럼 보일지라도
너의 오묘함이 봄을 알리는 신호인 것을
어찌 모른단 말인가?
시집가는 누이의 연지곤지처럼
꽃이 피니 알겠다, 봄이란 걸.

뒤돌아 보지 않는 시간

난, 너를 그토록 기다려도 멈추지 않는 당신이 미웠다
모든 지난 것들이 수많은 사연을 안고 살지만
넌 언제나 슬픔도 잊은 채 뒤돌아 보지 않는다
그러나 누구나 필요한 존재다
누가 주었는지 알 수는 없지만
내 할아버지 할머니가 쓰다가 남기면
아버지 어머니가 쓰고 살다가 다 못쓰면
다시 자식들이 받아서 쓴다
그런데 누구나 쓰고 살면서도 우린 고마운 줄 모른다
왜 누가 사오지 않아도 되고 세금을 내지 않아도 된다
가만히 서 있어도 가고 있는 너는 누가 붙잡나 바라보면서
난 너에게 신세를 지지 않는다고 생각했는데
가만히 생각하니 나도 모르게 신세를 지고 살고있다
갚아야 할 부채가 길면 길수록 홀로 살 수 없는 초라함이
죽기전에 신세를 갚아야 하는데
어떻게 갚으며 사느냐 하는 것이 삶의 길이 아닌가
눈 깜짝할 사이도 없이 너처럼 다가와
뒤돌아 보지 않는 시간 속에
오늘 하루도 보이지 않는 널 보며 살고있는 나처럼.

이제 가련다, 그대 기다리는 곳으로

누구나 잠시 다니러 온 세상
내 것이 아닌 것을
욕심 낸다고 내 것인가?
바람처럼 왔으면 구름처럼 노닐다가 한 세상 읽고나면
근심 걱정 흉허물없는 사람 어디 있겠소
가진것 없다 서러워 말고 못 배웠다 주눅들지 마소
돈 많고 명예를 얻었다 유세떨지 마소
세상에 영원한 것은 하나도 없더이다
잠시 잠깐 다니러 온 이 세상
많고 적음이 무슨 대수며, 있고 없음이 무슨 소용이랴
얼기설기 어우러진 세상
잘나고 못남을 탓한들 무엇하리
만남과 헤어짐도 다 한 순간인 것을
뭘 그렇게 고민하오 모두가 바람인 것을
아무리 깊은 사랑도 아무리 쓸쓸한 외로움도
버리고 나면 한 순간인 것을 나는 어찌 모르는가
지금 이 순간
웃고 살면 행복이요 극락인 것을
부질없는 욕심으로 고민하면 지옥인 것을
다 버려야지 처음부터 내 것이 아닌 것을
가지고 있으면 뭐하노
삶도 한 순간에 머물다 가는 것을 잡아 둔다고 그냥 있겠소

오고가고 가고오고 그저 강물처럼 모두가 흐를뿐인데
사노라면 낮과 밤도 바뀌고
허무한 세상도 죽어가는 모든 것들도
오래지 않아 이제 떠나는데 가련다 흙으로 돌아가련다
그래도 살다보면 아직은 남은 인생
좋은 일도 생기고 웃을 일도 생길테니까
묶어둔 내 맘속 짐보따리 모두 풀어서 바람에 날리고
낯익은 바람소리 귓가에 다가오면
이제 가련다, 그대 기다리는 곳으로.

이강흥

전남 보성 출생, 월간 한맥(96), 계간 문학과 의식(09) 등단,
서강대학교 공공정책대학원 졸업, 중앙대학교 예술대학원 수료, 한국방송통신대학교 법학과 졸업
한국문인협회 정책개발위원, 서울문인협회 이사,서대문문인협회 상임이사, 창작21작가회 이사, 국제펜클럽 한국본부 회원,
저서 : 「바람이 스치고 간 흔적」, 「나는 또 수작을 건다」, 「이제 말을 하라」 외 다수
수상 : 푸슈킨문학상, 서대문문학상

옹기

이 산

발물레가 돌고 있다
세월을 바수어낸 바위를 이고

이 빠진 거궐巨闕*의 손끝에
무르고 진한 시간의 흔적들
달이 되었다

진목眞木으로 살신공양한 천의天衣를 입고
토방 속 장좌불와로
1250도의 하늘 문을 열고
승천한

나는 옹기다

* 중국 고대 명검의 하나로 월나라 명장인 구자야가 만듦

살생

여명의 꼬리가 드리워진
법회장 한편에서
죽은 시간을 깨우려고
시집을 꺼내 들었다

표표히 박힌 시어들을
쟁기질하고 있는데
문득, 파리 한 마리가 날아들어
새벽 졸음에 헐거워진 날갯짓으로
행간의 시어들을 훑고 있다

종횡으로 날아오르며
음고를 높이는 헬리콥터 소리로
시詩이랑을 짓이겨 놓아
날래게 책장을 마주쳐
똥파리의 숨통을 끊어 놓았다

아뿔싸!

시간

어느 강사가 물었다
서울에서 부산까지 가장 빨리 가는 방법은?
'사랑하는 사람과 같이 가는 것'

스승님이 물으셨다
가장 오래 사는 법을 아는가?
'지루하게 사는 것'

삶의 시침은
빅벤bigben 위를 걷지 않는다.

이산
시집 :「사뜸마을의 샘」
수필집 :「천자봉 일기」

신작시

꽃이 아닌 삶이 있던가요

겨 레 돌 상 현 (이 상 현)

이 세상에 꽃이 아닌 삶이 어디 있던가요
맑은 하늘과 고요한 땅에서 태어났으니

피었다 지고, 저물었다 피어나는
우리네 기쁨과 슬픔들

목련의 수줍음으로 와서
장미의 기쁨으로 웃고

코스모스의 해맑음으로 울다
갈대의 홀가분으로 다시 태어나

눈꽃으로 새로 움튼다
봄날 아지랑이 기다리며

청량산 달빛

별이 내게 묻는다
어디 가냐고
어디에 있냐고

달이 내게 묻는다
어디 가냐고
어디로 가냐고

시냇물이 내게 묻는다
어디 가냐고
어디쯤 가냐고

생각마저도 놓아 버리고
같이 흐르자 한다

달, 별 안은 시냇물이
내게 묻는다

무얼하러 가냐고
그냥 함께 흐르자 한다

나도 꽃처럼

나도 꽃처럼
알몸으로 비 맞고 싶다

활짝 필 때 환하게 웃고
낙엽되면 서글퍼하고
떨어지면 아파하고

하얀 눈 속에서 꽁꽁 얼어
호호 불며 추워하고

새싹으로 돋아날 거름되어

봄날 기다리며
손가락 헤아리고 싶다.

이상현

아호 – 겨레돌
함석헌 선생님으로부터 사사(師事)
서울 묵동 야학 설립, 지도활동
인사동 시인학교 회원, 한국문인협회 회원, 서대문문인협회 이사
국제문학바탕문인협회 회원, 올해 우수문학상 수상(2008년)
저서 : 시집『미소짓는 씨올』
공저 : 〈시와 에세이〉, 〈시와 빛그림〉 등 다수의 동인지 참여
현) 아세아시멘트 임원

신작시

귀촌 일기 1

이 성 남

해 질 녘 개울가 느티나무엔
뻐꾸기 마중나와
환영사로 반긴다
뻐국 뻐국 버뻑국.....

서울서 구입한 해남 햇마늘
작은 서실 뒷마루
그늘에 펼쳐 두고
별채마당 뒷곁으로 간다

개량종 키 작은 뽕나무
검붉은 오디 가지 끝 빼곡히 달고
앉은뱅이 딸기 새빨간 열매
모래땅에 얼굴 숙이고 씽긋 웃는다.

귀촌 일기 2

가지 휘어진 오디 나무
이웃집 가서 기웃거린다
긴 삼각 사다리에 올라
채반 가득 담기는 검은 열매

참조기 선물셋트
포장용 대나무 그릇에
진보라 오디가
물감칠을 한다

땡볕 뜨거운 열기
더위 먹은 딸기
처박힐 듯 고개 숙인
새빨간 열매

싹뚝싹뚝 가위로 자른다
오디랑 딸기랑
삼다수 빈통에 갇혀
냉동실로 피서를 간다.

귀촌 일기 3

봄기운 알리는 아기 민들레
서실마당 별채마당 무덕무덕
노랑 꽃잔치 열어 주더니

단오 무렵
하얀 씨방머리
동그랗게 주머니 달았다

씨앗 떨궈 낼 무렵
이파리 삭아들기 전
뿌리 째 뽑아
그늘에 말려 둔다

오장육부 다스릴 민들레 차.

귀촌 일기 4

초봄 입김 닿기도 전
도톰한 갸죽한 잎새
서실마당 구석구석
어지러이 돋아 나지요

지난 겨울 눈더미 위로
흩뿌려 둔 깻묵 거름
돋나물 체조 하듯 토실한 몸매
온 세상 보듬은 듯 성큼 자라죠

때로는 겉절이로 누름적으로
입안에서 사각사각
조잘거리는 돋나물
기력 찾으라 내게로 오죠.

귀촌 일기 5

돋나물 초롱한 노랑꽃잎도
버팀주던 장대 줄기도
목숨 다하듯 스러졌다

딸기 틈새
냉이 줄기 말라 비틀어지고
장미 붉은 꽃잎 우수수

유월 장마 걸음마 전
마당 어귀 여기저기
검불 같은 줄기들 걷어내지

유리창 방충망 겨우내 먼지
내 사랑하는 작은 서실, 서실별채 벽까지
구불구불 긴 물호수로 말끔히 말끔히....

이성남

함경남도 장진출생(1941)
문학시대(시대문학) 시신인상등단(1990.봄호)
한국문협저작권옹호위원.국제펜클럽.문학의집서울회원.현대시협이사.농민문학이사.서문협부회장.시대시인회장역임
시집 : 새벽창가에서다(1991).길을열어라바람아(1993).비몽(2002).사는까닭(2007).천형의비밀통로(2012)
단편소설: 노인의초상(1997)외 수필공저다수

신작시

초승달

이 영 순

초승달 호미로
초가에 박 씨를 심어
저녁마다 달빛으로 애무해
달을 닮은 박을 키웠습니다

박이 커가듯
내 가슴에 숨겨진 그리움도
남 모르게 자랐습니다

박이 영글어 딸 때쯤이면
나의 그리움도 따서
달빛 속에
그대 발자국 수 놓아
도란도란 따뜻한 사랑
초승달 끝에 걸어두고 싶습니다

나의 사람아

언제나 내 기도 속에서
아픔으로 자리잡은 나의 사람아
가만히 눈을 뜰 때면
믿을 수 없을 만큼 안쓰러운 사람아

전에도 그랬고
오늘도 그랬고
뜨거운 눈물로
오도카니 당신을 생각하면
가슴 저리게 다가오는 나의 사람아

마음 한복판에
한시도 놓지 못할 나의 사람아

하늘의 인연 속에
늘 가슴 아픈 나의 사람아

시 한 수로

바람과 함께 떠나는 게
어디 너 뿐이랴
흐르는 세월 속에
아름다움도 청춘도
사랑도 그리움도 때가 되면
모두가 우리는 두고 가야 하는데

야속하고 서운한 맘
가슴에 안고 버둥대 봤자
한세상 가슴앓이 병만 되지

우리네 인생
풀숲에 내린 이슬 같은 걸

아~~이 밤도
숱한 인연 더듬어
가슴에 그리움 한 줌 만들어
달빛으로 비벼서 시" 한 수 담아

바람에게 부탁해
임이 알면 다행이고
바람이 가다 잊으면 할 수 없지

우리네 삶
가장 평범한 게
진리가 아닐런지.

이영순

현: 한국문인 협회(서대문 지부 부회장)
현: 문예춘추 (이사)
현: 국보문학 (부회장)
현: 한국인 문학 (이사)
개인저서: 시집(민들레 홀씨되어)(詩는人蓮의 놀음)
수필집(李榮順 에세이)
수상: 서울 스포츠 신문(이노베이션 문학대상)문예춘추(세익스피어 문학대상)
문예 예술진흥회(작가상 문학대상)한국문학비평가협회(수필 작가상)

신작시

꽃길

이 춘 원

바람이 분다
꽃잎 땅 위에 누워
산길은
화사한 꽃무늬 비단길

하늘하늘 날리는
꽃잎은
치마폭에 수놓아진 꽃무늬

흐느끼는 소리가 들린다
짧은 생을 살다가
이 땅을 떠나는 날
그녀가 남기고 간 한숨소리

꽃길은
꽃잎이 만든 눈물길이다

산돌이 이야기

와우산에 봄꽃 필 무렵 나타난 산돌이는
산에서 만난 사람들이 불러준 이름이다
후줄그레한 털에 축처진 꼬리로 산을 배회한다
우연처럼 문득 만나면
먼발치에서 눈만 마주치다
그냥 가버리곤 한다

산돌이는
아무에게도 마음을 열지 않는다
어쩌면 배신당한 아픔에
몸살을 하고 있는지도

늘 혼자인 사람이 있다
누구에게도 마음을 열지 않아
다가서면 한 걸음 더 멀어지는
산 그림자 같은 사람
오늘, 산돌이와 그 사람이
스치듯 지나간다

와우산에
산딸나무가 하얀 꽃을 피웠다
하늘을 곧 날아오를 듯이

날렵한 자태로 날갯짓을 하고 있다
마치 아무 일도 없었던 것처럼

*산돌이는 와우산 주변을 배회하는 유기견에 붙여 준 이름

꽃과 꽃 사이
–장례식장에서

꽃들이 줄을 서 있다
사람들은 검은 상복에
슬픈 표정으로 눈물을 흘리는데
꽃들은 시들지 않는 모습으로
환히 웃는다

시들지 않는 꽃은 거짓이다
이생을 마치고 떠나는 장례식장에서
생명 없음이 생명이 되고
죽지 않는 것은 꽃으로 피는 것은
혼돈이다

거짓이 진실을 앞서는 세상에서
향기 없는 꽃이 더 화려하고
생명 없는 꽃이 더 싱싱하다
시들기를 거부하는 꽃은
불러도 다가갈 수 없는 슬픔이다
존재의 가치는, 부름을 받고 감동할 수 있는 것

장례식장에서는
꽃과 꽃 사이에
사람과 사람 사이에
생명의 경계가 어지럽다

외로움

도심 속 연못
석양빛에 붉게 물들고
물 위에 덩그러니
떠있는
바위 하나

어디서 날아왔는지
잿빛 왜가리
한 마리

외발로
서있다

이춘원

한국문인협회 · 한국시인협회원 및 한국기독교문인협회이사
예띠시낭송회 회장, 월간 문학바탕 편집위원
순수문학상 시부문 본상 수상(2001)
한국서정문학사 수상(2011)
저서
– 시집 : 「가지에 걸린 하얀 달빛」, 「굴뚝새」, 「그리움자리」, 「푸른 촛대 산길을 밝혀」, 「풀꽃시계」, 「해바라기」, 「루체비스타」
– 산문집 「바람 속에 우는 하프」

신작시

아직도 저 길만은 세상길이 아니여

임 관 영

1.
1940년 10월 16일
풀벌레소리 맑은 가을밤
경상북도 달성에 백서방댁

아이는 어머니 가슴에서 잠이 들고
새근새근 잠이 들고
남편은 꽃 속에 꿀벌처럼 일을 끝내고
단꿈을 꾸고 있었지
아내는 남편 곁에서 바느질을 하고
단란한 가정에 첫 딸을 낳고
둘째의 해산을 기다리고 있었지

아아, 그러나 단란한 꿈은
돌연 찢겨져 나갔지

일본 순사가
방문을 들이차고
남편을 끌어갔지 동생도 끌어갔지

봇짐도 없이
노자도 없이

이사할 겨를도 없이
어머니의 당부도 없이
아버지의 격려도 없이
총부리 앞에 끌려갔지
힘없이 끌려갔지
오곡이 익어가는 논밭을 두고
사랑하는 친구들을 두고
개처럼 끌려갔지

2.
– 해방이 되어
마침내 압박과 설움에서 해방이 되어
모두 모두 만세 치는 해방이 되어도
남편은 오지 않았지
아니,오지 못했지
소련 땅 사할린에서 29만 2천 명
일본인들은 속속 귀국을 해도
오지 못했지
조선인이라고 오지 못했지
귀국선에 매달리면
범 같은 병정들은 끌어내렸지
애잔한 목숨들을 끌어내렸지
호루라기 불며 총부리대고 끌어내렸지
조선인 조선인 이라고

총알받이 노무대로 끌려갔다가
수평선 멀리 떠나가는

귀국선을 보고
귀국선을 잃고
갯바람 마시며 주저앉았지
모조리 등외품(等外品)이 되어
픽 픽 주저앉았지
비를 맞으며 흠씬 맞으며
부두에 쓰러졌지

병정들은 장한 양
등 뒤에서 웃고 있었지

3.
경상북도 달성에 백서방댁 할머니
조소경 할머니

눈물 그렁그렁
떠나 보내고

남편 없는 시집살이
아, 어린 것들 데리고
길가 풀섶에 앉아
목놓아 울었지
일어날 줄 모르고
어두운 길 울었지
어린 것들 업고
봇짐장수 나아갔지
식모살이 나아갔지

구만리 역정 45년
가슴앓이 가슴앓이

고운 뺨 무너져 할머니가 되었지
너무 빨리 할머니가 되었지
어금니 뭉청뭉청 할머니가 되었지

전쟁은 이미 오래 전에 끝난 일
아주 아득히 오래 전에 끝난 일
그러나 당신의 가슴은
타고 있었지
붉게 타고 있었지
석탄처럼 타고 있었지
검게 타버렸지
세상에서 가장 무섭게
타버리고 말았지

4.
1981년 11월 27일
처음으로 열린 사할린 재판소
법정으로 갔지
낡은 재판소 법정으로 갔지

내놔라, 내놔!
남편과 동생을
내놔라, 내놔!
당장 내놔라

법대를 치며 통곡하였지
녹두빛 울음으로 쾅 쾅
법대를 쳤지
만 십년 45차례
팔 다리 떨며 목이 메었지
답답하였지 갑갑하였지
그러나 법대를 쳐도
통곡을 해도 원점만 돌았지
다람쥐 쳇바퀴 돌 듯
요지부동 원점만 돌았지
허울 좋은 "샌프란시스코 조약"을 대며
조선인은 일본 국적을 상실했다고
송환의 의무가 없다고
원점만 되풀이 되었지
조선인이라고
조선인이라고

소송은 재판의 시효가 넘었다
각하 돼야 한다
각하 돼야 한다고
되풀이 되었지
녹음테이프처럼 돌고 돌았지
참으로 가엾은 일이었지

5.
아아, 보세요
소금빛 충정으로 보세요

밤마다 시름을 베고
잠결엔 헛소릴 자꾸 자꾸 토해요
러시아 산문 밖에서

봄 되면 앞뜰에 살구꽃
그려보면서
가을 되면 은행잎 노랗게 물드는 집
그려보면서
농사가 익어가는 논밭의 낟알을
그려보면서
아침 연기 저녁 연기 모란이 올리는 걸
그려보면서
겨울날의 따듯한 아랫목
그려보면서
포도 알알이 영그는 여름 막바지
그려보면서
오손도손 모여사는 인정들
그려보면서
새근새근 잠자던 식구들
그려보면서
잠결에 헛소리 자꾸 자꾸 토해요

오늘도 가지 못해요
내일도 가지 못해요
가서 안아보지 못해요
만나서 눈부시게 눈부시게
안아보지 못해요

6.
살고싶지 않아요
희망이 없어요
절망뿐이야요
어제, 오늘, 내일이
무슨 의미가 있나요
뭐가 뭔지 모르겠어요

눈이 내리면
새들도 "터"를 잡고 운다죠
둥지 없이 살아왔읍죠
한숨으로 살아왔읍죠

하염없이 하염없이
가로수 아래 주저앉았죠
넋나가 주저앉았죠

조국이 무엇이길래
고향이 무엇이길래
이리도 아픕니까
아픕니까
살고 싶지 않아요

아, 푸른 혈관의 피가 마르도록
노래 불렀죠
너덜대는 천으로 몸을 두른 채
노래 불렀죠

터진 신발 질질 끌며
노래했어요

흑인의 영가가 아닌
조선인의 노래
흑인의 영가가 아닌

나의 살던 고향은 꽃피는 산골
복숭아꽃 살구꽃 아기진달래.....
노래 불렀죠

7.
아아, 들어봐요
소금빛 충정으로 들어봐요

삭막한 이국 땅
노무대로 끌려왔어요
눈물 그렁그렁
식구들 두고 왔어요
아주 오래 전에 두고 왔어요
까마득히 오래 전에 왔어요

엊그제도 한 사람 떠났읍죠
회향곡을 부르다가
눈이 오면 눈에 젖고 비가 오면 비에 젖고
끝내는 히죽히죽 미쳐버려서
들개처럼 떠돌다 떠났읍죠

그냥 떠났읍죠
바람 따라 떠났읍죠
죽어서도 아무런
위안을 받지 못하고
떠났읍죠

야트막한 무덤가엔
풀꽃 한 송이 피어있읍죠
가족인 양
친구인 양
이웃인 양
피어 있읍죠

8.
세상길이 아니여
아직도 저 길만은
세상길이 아니여

36년의 그 압박은
아직도 우리들 심장 아주 깊숙이
시꺼멓게 피멍져 지워지지 아니하지만
오늘 우리는
에베르스트 꼭대기에
태극기를 날렸습니다

무궁화 위성을
우주로 날렸습니다

짙푸른 바다 밑으로 내려가서는
석유를 찾습니다

왔습니다
왔습니다
한강에도 기적은 벌써 왔습니다

우리가 가는 모든 곳에
길은 열리고
뜻은 꽃처럼 피어납니다

그러나
세상길은 아니여
아직도 열지 못한 저 길만은
세상길이 아니여

돈바람
술바람
지루박바람
양바람
왜바람
세상길은 아니여

새벽마다 정한수 올려놓고
아직도
눈물별 눈물별...

생각을 해보면
생각을 하면
세상길이 아니여
아직도 저 길만은.

임관영

시인/시낭송전문위원
경기 포천출생 호국문예로 등단,포천문협회장 역임,경기도문협수석부회장역임
현) 경기도문협 자문위원, 포천문협 고문, 한국현대시협 운영위원,
서대문문협 이사
저서 : 「광릉 가는 길」외 다수
수상 : 대통령 표창(국가안보), 호국문예상(국방부장관)
경기도 문학상(본상)외 다수

신작시

먼 생

정 은 채

기억은 소박하게 표백하고
남은 여분은 이제 좀 쉬어야 하리

새벽 여는 시간 태연하고
떨어지는 별의 등 뒤로
그깟 사랑쯤 사라진들 어떠리

능숙하던 시절 꺽인 뒷길에
지나간 모든 문장이 허허로워
밤이슬에 눈썹 끝 젖어 드는데
몸 풀라 청춘에
그깟 사랑 쯤 사라진들 어떠리

능숙하던 시절 꺽인 뒷길에
지나간 모든 문장이 허허로워
밤이슬에 눈썹 끝 젖어 드는데
몸 풀린 청춘에
그깟 호흡쯤 가빠진들 대수랴

더는 꽃이 아니라서
살갗에 그리움 얹을 수 있다만

그대도 먼 생을 만나면
첫 사랑인 듯
꽃등 켜고 남은 마음 내어주리

눈 내리는 밤

눈밭을 걸어간 새의 발자국이
조금 반짝거리다 쓸려 간 뒤

눈길을 밟고 간 사랑의 내력도
사라져 버렸다

뜨겁던 말이 식어
섬뜩한 예감 안으로 걸어둔 밤

그래도 외로울 것 없다는 듯 아무렇지 않게
눈이 내린다

홑 사랑

자유로이 드나드는 바람과
마음대로 재잘대는
새가 앉은 그 자리를
낯설 듯 바라만 보는

홀로하는 사랑이 덤덤해져
사랑 아닌 것처럼 태연해지고 싶네
만질 수 없는 마음과
끊임없는 그리움으로 사는
따뜻하지 않은 계절은 막연해서
잡히지 않아 뭉긋거리는
휑해진 마음 틈, 거기
둥글게 말아 감춘 쌉싸름한 통증 하나

정은채

시인 : 정은채
한국인 문학 협회 이사
시마을 홍보이사
내가슴이 너를 부를 때 운영자

신작시

떠나는 배

정 일 옥

청파에 이 몸 싣고 둥실둥실 떠나는 배
부산항 등대불이 가물가물 멀어질 때
수평선 꽃구름 위로 보름달이 떠오른다

달아달아 고운 달아 만경창파 비친 달아
너와 함께 배위에 서니 희노애락(喜怒哀樂) 꿈이 되고
장부(丈夫)의 칠석기질(鐵石基質)만 청청하늘에 번쩍인다.

생각하는 사람

세월이 가는가 시간이란 너울을 쓰고
어제는 꽃바람에 나비춤이 곱더니만

오늘은 소슬바람에 낙엽이 뚝뚝 떨어져
뒹구는가

만상(萬象)은 저마다 얼굴빛을 고치며
제 갈 길을 가는데

너는 무엇을 그리도 생각 하는가?

학 문

나는 임의 뜻과 생각을 잡으려고
가나오나 자나깨나
때로는 기쁘게 때로는 아프게
수많은 날들을 생명 같이 아끼며
머리를 자고 피를 말려 왔습니다

나의 머릿속에서 가슴 속에서
아침 햇살 같이 밝아오기를 기다리며

나의 인생 전체를 불태워 왔습니다

인생사(人生事)

어허 왜 이리 비어있는 것일까
동서남북 어디를 보나 모두 허공

풀잎 하나 걸릴 것이 없네

어제는 푸른 잎이 땅을 덮더니
알고 보니 모두 허상뿐이었네

다만 주어진 날들에 충실을
다 하라는 명(命) 뿐이네!

정일옥

신작시

친구

예초 정정순

다정도 병이라고 했던가
정에 붙들려 돌아서지 못한 친구
술 한 잔 시켜 놓고
지나간 시간을 불러들인다

정에 넘치는 대화는
변함없는 사철나무처럼
싱싱하게 푸르게 피어나는데
가야 할 발자국들 설계해야 한다

바람 불면 방패막이 되어주고
등 따슨 손이 되어 주고
세상을 밝게 비추는 사람 되자
다짐하던 친구

그 눈빛 맑은 네가 자랑스러워
시간을 붙들어 놓고 싶다.

얼만큼 더 걸어야 산마루에 마음 두고 올까

수많은 가지마다
노랗게 익은 과실을 바라보며
오늘 시어들은 누구의 열매가 될까

농부가 되어 갈고 씨 뿌리고
자갈도 고르고 풀도 뽑고
채소밭을 가꾸듯 가꾸었는데

사랑 등 뒤로
한 우물 파고
힘들게 걸어온 창작의 길

떫은 감처럼 익어 가는
시와 그림 양손에 들고
정상을 향해 노 저어 가는 길

얼마큼 더 가야할까
얼마큼 더 걸어야 산마루에 마음 두고 올까.

서산에 태양

서로가 서로 아끼는
선의의 경쟁 속에서
서로가 멀어져 떠나면
서산에 지는 태양 어디로 갈까

기쁨과 슬픔 속에
한 마음 다짐하며
효심 지극 했던 자녀들
함께 성원 짝 지워 보내고

새벽잠 설치며 긴 수고 참아 낸
여자에게 주어진 삶
단 10%라도 자신 위해
미래 가꿀 시간이 있었을까

노을지는 노후의
당신 떠나 홀로 서기
당신과 한번 생각해 볼 일.

정정순

맑은하늘에 점 하나 찍었어 외 14권의 개인시집 허난설헌문학상본상, 일붕문학대상, 한올문학상대상, 문학공간본상, 한국문인협회 해외문학발전위원, 국제펜크럽 이사, 불교문학, 중랑문인협회 회장, 예원예술종합대학원 지도교수

신작시

곰치국

최 금 녀

주문진 포구, 동해 파도를 타고 도착한 물 곰집
물결 속을 헤집으며
환상적인 한 생을 꿈꾸었을 그 짐승

낯모르는 이들과 나란히 앉아
수만경의 어느 물결 어느 곳에도 몸 감출 곳이 없었던
불행했던 한 마리 물 곰을 마음껏 추억했다

테라로사 커피도 마시는 둥 마는 둥
출렁, 하면서 바다를 가르며 나타날
물 곰 한 마리를 기다리며

파도 밀려가고 또 밀려가는 파도 식당에서
오직 식욕의 파도 타기에만 열중했다

흙 한 삽

극명하게 찍어놓은
마침표 뒤에
잘 가시라는 추신 한 줄
서녘 하늘이 버얼겋게
소인을 찍는다

한 줄이나 두 줄

조간朝刊에는 아침마다
창이 열리고
죽은 사람의 이름이 뜬다

이름깨나 들어본 사람이나
생뚱맞은 사람이나
한 줄 아니면 두 줄

향 냄새 홍건한 이름들
기역 니은은 아니고
밥그릇 수대로도 아니고
계급장 대로도 아닌 것 같고
평수대로?
그날의 운세대로인가?

유독
향 냄새가 짠하게 밀려오는
어떤 이름에선
다시 침묵하고
한 번 더 그 이름을 불러보며 창을 닫는다

맑은 아침 공기 속에서

죽음들과 자주 만나다보니
아둔한 나도
그들이 남긴 마지막 말을 알아 듣는다
한 줄 또는 두 줄이라는 그 말귀를

최금녀

시집 : 「길 위에 시간을 묻다」외 5권
수상 : 현대 시인상, 미네르바 작품상, 충청 문학상

신작시

살아있어 사랑하고 싶다

현 미 정

그리운 건 살아있기 때문이다
살아있어 사랑하고 싶다
살아 있기에
그대가 그리워진다
살아있어
행복과 외로움은 찾아들고

오늘도 바람이 인다
그대의 감미로운 숨결을 찍어
오월의 아카시아 꽃향기이듯이
온몸을 쓸고 지나간다

살아있어 살아있기에
또한 살아있는 모든 생명에게
뜨거운 감사를 전한다 아니 뜨거운 감사를 드린다

함께 살아있어
살아있기에.

그 피사체의 포로

겨자씨만한 인연 하나가
언제 어디서 묻어 왔을까
겨자씨만하던 이 점 하나
만월이 방광하여 빛의 포로로 가둬놓고

스멀스멀 갯 모래알 적시며
고요히 밀려오는 만조속에
난 하나의 섬이 되었네

실바람마저도 조차
제 힘으론 이기지 못하고
떨어져 내리는
완숙된 과육 같은
그대의 포로

보아뱀의 숨겨진 큰 입속에
끈적이며 조여 휘감는
긴 혀도 무섭지 않은
그 피사체의 포로가 되었네.

꿈꾸는 작은 새

그대와 나
얼마나 큰지 알 수도 없는 성문
맨 부리로 문을 열려 쪼아대던 부리
어느새 닳아 깃털 속에 숨었던 멍든 피부
허망히 하늘 향해 미소 짓네

단단하다고 생각했던 부리의 미약함을
이제사 헛된 만용이었음을

깊은 성숙의 정체는 알지도 못한 채
꿈꾸는 작은 새
그대 그리고 나.

현미정

불교문학 부회장
불교문학 대상
월간문학등단. 2008년 민조시집 「밀어」 출간 외 다수 동인지 출간
한국 문인협회 회원 2010년 순수문학상 수상. 2013 불교 문학상 수상.

민조시

민조시

바람꽃 1

김 두 남

오면서 꿈을주고
떠나는 노래,
공부하다 죽자.

바람꽃 2

잡동산 거름되어
자연으로 핀
바람꽃 오색꽃.

바람꽃 3

세월이 낙엽등에
노래로 흘러
대도를 가누나.

愛憫 1

연꽃등 비켜 앉아
곱게도 한 뜸,
빵구난 님 팬티.

김두남

法眼(속명 金斗南)
사)한국 불교 '금강 선원' 대교과 졸업.
'한국 민조시 아카데미' 제1기 수료.
2012 '民調詩學' 제4호(상반기호) 민조시부 초회 추천.
2012 "자유 문학' 제85회 민조시부 2회 천료
한국문인협회, 한국자유문인협회 회원
현재 삼각산 '문수원' 지도 법사.

민조시

虛辭眞言 · 24

–허드렛말

김 진 중

진실로 아내에게 사랑받으며
시 맹그는 인 참말 행복하다.

참으로 남편에게 존경받으며
글짓는 이는 또한 행복하다.

시 한 톨 글 한 줄이
반지르레 윤기가 도는
쌀톨되는 세상.

희미한 달밤에도
반짝 빛나는
沙金되는 세상.

진실로 눈물겨운 그런 세상을
생각만해도 환장하도록
나는 행복하다.

虛辭眞言 · 32
–종 교

신이란
애오라지
제 혼자서만
믿어야 하느니.

虛辭眞言 · 49
−민 들 레

세상에 부질없는 인연은 없다,
홀씨 하나라도.

虛辭眞言 · 51
-夢 中 夢

잘나도
못났어도
홀로 잠들긴
자네나 나나제.

虛辭眞言 · 53
–가 자 미

넌 항상 옆눈으로 날 바라본다,

그러나 괜찮다,
넌 가자미니까.

김진중

현) 한국문협 민조시분과 회장, 한국민조시협 상임부회장
민조시아카데미 강사. 한국현대시협, 한국자유문협 부위원장.
서대문문협, 서울문협 이사.
『월간 순국』편집인, 『자유문학』편집위원, 『민조시학』주간, 『불교문학』편집고문
3 · 1운동기념사업회 공동부회장 • 의병정신선양회 이사
저서: 김진중 민조시집「사촌시편」, 「개코나 말코나」, 「가시리 가시리잇고」외
수상: 제9회 자유문학상(2009) 제1회 민조시학상 외

수필

왜 이곳을 떠나지 못 하는가

김 한 석

어느 문우의 수필집에 〈일산 예찬〉이란 글이 실려 있었다. 글을 읽으며 호수가 있는 일산이 참으로 아름답고 살기 좋은 고장이란 생각이 들었다. 그런데 내가 살고 있는 이곳도 못지않은데 왜 진작 그런 글을 쓸 생각을 못했을까 아쉬웠다.

우리 집은 독립문 근처, 높은 아파트 층이라 서재가 있는 책상 앞에 앉으면 인왕산(仁王山)이 꼭 이마와 맞닿는 듯하다. 인왕산은 소나무와 바위가 조화를 이룬 전형적인 한국 산이다. 치마바위가 의연하고 북악산이 병풍을 두른 듯 동편으로 이어지면서 도성을 품에 틀어 안고 있는 형국이다. 옛날 이성계가 서울에 도읍을 정할 때 이 산자락에도 올라 풍수지리를 살펴봤던 것일까. 인왕산이 방패막이가 되어 궁궐을 싸고 있는 데다 산세 또한 빼어나다.

이른 아침에 운무가 산을 온전히 가리기라도 하면 촉촉하고 희미한 그림이 또 하나의 새로운 모습으로 다가온다. 연필로 그려놓은 듯 윤곽이 잡힌 산 가장자리의 곡선이 나신처럼 환상적이다. 여름날 장마가 걷히고 오랜만에 하늘이 맑게 개이면 흐린 날씨와 빗줄기에 가려진 인왕산이 슬슬 그 모습을 드러내기 시작한다. 그 전경을 바라보고 있노라면 내 가슴도 활짝 열린다. 눈 내리는 겨울이면 바위틈새에서 꿋꿋하게 버텨 서 있는 기품 있는 소나무들이 눈을 이고 있는 설경은 아름다움의 극치다. 나는 서재의 창을 통해 인왕산의 사계절을 본다. 인왕산의 사계는 언제 보

아도 한 폭의 산수화이다.

예부터 우리 조상들은 산을 몹시 좋아했고 산에서 뿜어져 나오는 기운을 생명의 바탕으로 삼았다. 그래서 선비들은 산을 그린 그림을 늘 곁에 걸어 두고 산을 보듯 감상하곤 했다. 내 몸에도 조상의 기운이 배어있음일까. 우리 집 서재의 벽면에 걸린 산수화가 앞산과 잘 어울려 한결 운치가 있어 보인다.

인왕산과 더불어 내가 즐겨 찾는 안산은 나지막한 뒷동산이다. 밖을 나서면 단걸음에 오를 수 있어 집에서 책을 읽거나 글을 쓰다가도 답답할 때면 바로 산으로 행한다. 봄이면 개나리꽃이 먼저 봄소식을 전하고, 봄바람이 늦게 잠을 깨운 탓일까 산자락의 벚꽃은 늘 한 걸음 뒤지며 봄꽃의 향연을 이어간다.

5월이면 아카시꽃이 온 산을 뒤덮으며 그 알싸한 향기를 뿜어낸다. 쭉쭉 늘어진 아카시꽃의 숲길을 거니는 재미도 쏠쏠하지만 밤늦게 아파트 입구에 들어서면 비릿한, 아니 그 보다도 묘한 암내가 코를 스친다. 밤이면 꽃이 발정이라도 하는 걸까, 그 냄새는 마치 고상하고 성숙한 중년 과부의 치맛자락에서 풍길법한 내음 같아 은근하다. 나는 거기에 홀리기라도 한 듯 멍하니 서서 한동안 그윽한 향기 속으로 빨려든다. 그 시기가 꼭 내 생일 때라 생명의 탄생과 무슨 인연이라도 있음일까. 해마다 자연의 신비로운 생기를 흠뻑 받아 기운이 솟아나니 이 얼마나 값진 생일 선물인가.

아파트 숲으로 둘러싸인 강남에서 십여 년을 살아오면서 소음과 공해에 지쳐 공기 좋은 곳으로 옮기고 싶었다. 그래서 나무와 숲이 어우러진 곳을 찾아 이 동네로 이사 온 것이다. 여기 올 때만 해도 강남에서는 조용한 곳을 찾고자하는 사람들이 한둘 생겨나고 있었다. 주위 사람들은 어찌 이런 복지(福地)를 두고 역주행 하느냐며 이해할 수 없다는 눈으로 나를 바라보기도 하였다.

하지만 내 생각은, 주거란 모름지기 자연환경이 좋고 아늑한 공간이 첫번째 조건이거늘. 선진국의 경우를 보더라도 고급주택은 한결같이 숲으

로 둘러싸인 산이나 높은 언덕에 자리 잡고 있지 않은가. 우리도 선진화로 나아가고 있으니 조만간 '쾌적한 주택'의 가치를 절감하게 될 터이다. 그런 뻔한 이치를 모르고 강남을 고집하는 사람들이 오히려 답답하게 느껴졌다.

그런데 어찌된 영문인가. 이곳에서 십여년을 살아오는 동안 세상은 조금도 내 생각을 따라주지 않으니. 되레, 날이 갈수록 강남과는 빈부의 격차가 심화 되어갔다. 이제 강남은 이 나라의 부유층이 모여 사는 특별구가 되어버려 강북과는 보이지 않은 선이 그어졌다. 아무리 집 주위에 숲과 나무가 있고 가까이에 풍광이 뛰어난 명산이 있음에도 이상적인 주택지로 관심을 끌지 못한다.

아내는 이재(理財)에 너무 어두운 양반이라며 물정을 모르는 나에 대한 불만이 대단하다. 맑은 공기만으로 행복할 수 있느냐며 강북으로 이사 온 것을 두고두고 원망한다. 그러면서 틈만 나면 자식들과 가까이 모여 사는 것이 소원이라며 강남으로 이사 가자고 들볶는다. 자식들 또한 부모님이 강 건너 계시니 자연히 문안드리기도 소홀해진다며 저희 엄마와 합세하여 압박한다.

가족의 심정을 모르는 바 아니나 강남으로 이사 가기가 어디 쉬운 일인가. 지금 강남으로 옮겨가면 당장 집이 반 토막이 나버리는데. 아무리 둘이서 살 집이라 하지만 그런 옹색한 생활을 감당하기도 어려울 것 같다.

더구나 하루라도 마주하지 않고서는 못 견딜 것 같은 인왕산은 나의 분신처럼 떼어놓을 수 없는 존재가 되어버렸다. 산길을 걸으며 나무와 풀을 벗삼아 허전한 마음을 달래던 안산은 이젠 내 마음속의 고향으로 자리 잡았으니 어찌 쉽게 떠날 수 있으랴. 앞에 두고 바라보는 산과 오르는 산은 둘이면서 심저(心底)에 연결된 하나의 산으로 나에겐 그 무게가 더해진다.

앞뒤로 아름다운 산을 이고 살고 있어 나는 늘 마음이 푸근하고 평화롭다. 무엇보다 맑은 공기와 숲속에서 풍겨 나오는 향기는 생명력이 되어 나와 아내의 건강을 굳건히 지켜주고 있으니, 이에 더하랴.

수필

캐나다에서의 행운

김 한 석

차안의 침대에 누워 바깥의 푸른 하늘과 만년설로 뒤덮인 캐나디안 로키산맥을 구경하는 것은 환상이었다. 밴쿠버에서 밴프에 이르는 도로변에는 울울창창한 국립공원의 침엽수림이 장관이다. 울창한 숲을 뚫고 가도 가도 끝이 없다. 거대한 미 대륙의 횡단 길에 들어서 있음을 실감하게 된다.

로키의 진주라는 레이크 루이스를 구경하고 차를 타려는데 어떤 한국인이 다가와 차 내부 구경을 좀 하잖다. 안내를 받고서는 흐뭇해하며 공손히 자기소개를 한다. 부인과 어린아이를 동반한 그는 몬트리올 외환은행 직원이라며, 앞으로 돈 모아 R.V.(일명 홈카)를 타고 대륙횡단 하는 것이 꿈이라고 했다. 꿈이라는 소리가 반가웠다. 젊은이들에게는 꿈이 있을 것이다. 꿈! 이 얼마나 소중한 자산인가. 그런데 내에게도 꿈이란 게 있는가하고 묘한 감정에 빠진다.

때가 되면 홈카(home car)안에서 밥 해먹고 소파에 앉아 커피도 곁들이며 TV를 보는 등 일상의 주택에 비해 조금도 불편함이 없다. 깊은 숲 속에 차를 세워두면 영락없는 전원주택이다. 공간이 여유로워 침대에 뒹굴거리며 잘 수도 있고, 아들이 밴쿠버에서 공부하고 있어 아이 사는 모습도 보고 캐나다 관광을 겸하여 아내와 이곳에 온 것이다. 여기에서의 일정은 아들이 미리 준비한대로 움직였다.

가이드를 겸한 운전기사는 패키지여행에서는 잘 들르지 않는 고즈넉한

오지까지 안내해주니 더욱 재미를 만끽할 수 있었다. 큰 길을 벗어나 얼마나 들어갔을까, 일곱 마리의 곰 가족을 만났다. 이쯤 되면 곰의 무리치고는 과히 군단병력 아닌가. 느린 걸음으로 다가오는 곰이 도로를 따라 멀리 사라질 때까지 눈을 떼지 못했다.

곰도 답답해 사람들을 만나보고 자동차도 구경하고 싶어 그들의 영역을 뛰쳐나온 것일까. 그놈들도 나처럼 볼거리가 많았던지 어슬렁거리며 지나가고 있었으니 이상동몽(異床同夢)이다. 야생 곰을 그렇게 가까운 거리에서 보기는 난생처음이었으니 대단한 횡재다. 곰들의 뒷모습을 바라보며 참 행복한 녀석들이란 생각이 들었다. 혹시 과민반응이라도 일으킬까봐 모두들 입으로 손을 막고 조심조심했다. 우리나라에서 태어났다면 밀엽꾼들의 올가미에 희생되었을 수도, 태국에서라면 쓸개즙을 채취당하는 학대를 받았을 것 아닌가. 이 지방에서는 사람보다 동물이 우선이어서 야생동물에게 경적을 울리거나 내려서 먹을거리를 제공하면 벌금이 부과된다고 한다. 이와 같은 동물애호정신과 이를 뒷받침하는 장치가 있어 인간과의 평화로운 공존이 가능한 것이리라.

곰과 해후한 흥분이 채 가시지 않았는데 눈앞에 그림 같은 경치가 펼쳐진다. 호숫가에 차를 세워 잠시 앞산의 설경을 감상하고 있는데 난데없이 천둥소리와 함께 산더미 같은 눈덩이가 쏟아져 내리지 않는가. 서너 차례 이어지는 굉음소리와 무너져 내리는 빙산이 얼마나 웅장한지 그 장엄함에 몸이 움츠려들었다. 눈사태가 우리 앞으로 밀려오는 것 같은 착각에 아내는 나를 꼭 붙잡는다. 마치 천지개벽이라도 난 것 같은 현상을 보며 자연의 위력 앞에 경악을 금치 못했다.

T.V 화면에서 보아온 북극이나 남극의 규모에야 훨씬 못 미치겠지만 바로 눈앞에서 펼쳐진 광경이기에 그 감격을 몇 배로 실감할 수 있었다. 불과 4~5분 안에 일어난 일이라 그 순간을 목격할 수 있었던 행운에 가슴이 벅찼다. 하지만 지구온난화로 속절없이 녹아내리는 빙벽을 바라보며 가슴이 아파왔다. 이 순간에도 지구가 병들어가고 있는 현장을 내 눈으로 확인하고 있기에.

어제 밴쿠버에서 유숙하고 오늘 아침에 이곳으로 출발하였다. 그날 호텔로비에서 아주 반가운 고향 분을 만났으니 '세상은 넓다'고만 여겨온 것이 무색했다. 머나먼 땅에서 반가운 분을 만나고보니 커피 맛도 향긋하고 환담도 구수했다. 서로 담소를 나누는 가운데 그 친구는 지금 경제 5단체장의 일원으로 대통령을 수행하고 있다고 했다. 당시 세일즈 외교의 일환으로 대통령의 해외방문 시, 많은 경제인들과 재벌총수를 대동하고 다녔다.

노태우대통령은 그때 우리나라와 캐나다 간에 사증(查證)면제협정을 체결하여 비자 없이도 자유롭게 캐나다를 방문할 수 있는 길을 텄다. 이 호텔에서 그 역사적인 협약을 맺었다니 내가 마치 그 자리에 입회라도 한 기분만큼이나 기뻤다.

사람은 살아가면서 갖가지 행운을 만나기도 한다. 불행한 일만 있거나 그냥 상식적으로만 살게 된다면 세상살이 무슨 재미가 있겠는가. 우리는 하루에도 몇 번씩이나 '운'이라는 것과 마주친다. 여행에서도 마찬가지다. 야생곰과의 만남, 눈사태의 광경, 고향사람과의 조우 등. 나는 이번 여행에서는 운이 좋았으나 이처럼 행운만 있는 것은 아니다. 언젠가 미국의 그랜드 캐니언에서는 죽을 고비를 넘긴 적도 있었다.

로마의 트레비 분수에서는 많은 여행객들이 연못을 등지고 서서 동전을 던져 넣으면 다시 로마를 방문할 수 있다고도 하고, 여행 내내 행운을 얻게 된다는 전설이 있어 너나없이 그 소원을 바라며 동전을 던진다.

나는 여행에 나설 땐, 언제나 트레비 분수를 마음속에 담고 떠난다. 여행에서 얻는 행운도 인생살이에 있어서의 행복의 한 과정이기에, 앞으로의 남은 내 여정에서 더 좋은 일이 많이 생겼으면 하는 소원에서다.

김한석

진주 출생, 법학박사, 삼천포 시장 역임
경상남도 공무원교육원 원장 역임
현) 서울신문사 자문위원, 서대문문인협회 부회장
〈에세이21〉로 등단
현대수 회원, 산영수 문학회 회장 (현재)
남강문우회 고문

"우리는 세상에 무슨 흔적을 남기고 떠나는가?"

백 수 복

초기 한국기독교에 크게 공헌한 마포삼열(Samuel A. Moffett) 교수는 언더우드, 아펜젤러와 함께 초기 선교사를 대표하는 한국기독교 역사의 큰 어른이다. 그의 아들 사무엘 마펫 주니어는 1916년 평양에서 출생하여 18세까지 평양의 외국인학교에서 공부하다가 미국에 돌아가 박사학위와 목사안수를 받은 후에 중국과 한국에서 선교사로 사역하다가 현재는 미국 프린스턴신학교의 석좌교수로 여생을 보내고 있는데 '한병선영상만들기' 대표 한병선씨가 그를 인터뷰한 기사를 읽고 감동을 받았다.

한병선 대표는 한국을 위해 헌신한 선교사들의 3세대를 찾아 그들의 이야기를 영상화하는 사역을 감당하고 있는데 참으로 귀한 사역일 뿐 아니라 아무나 할 수 있는 분야가 아니어서 그의 착상과 노력에 성원의 박수를 보내고 싶다.

한병선 대표는 사무엘 마펫 주니어 선교사 댁을 방문하여 96세의 노(老) 선교사와의 면담 시에 곁에서 도와주던 선교사 부인의 사역에 감동을 받았다. 그 부인은 1956년에 한국으로 와서 연동교회에서 결혼식을 올린 후 한국선교에 힘을 기울이며 한국사람들과의 생활이 그녀에게는 감사이자 기쁨이었다고 고백하였다.

그 후 그 부인은 미국에 돌아가서 많은 선교사들이 남기고 간 흔적을 정리하기 시작하여 20년이 지난 현재 5,000명의 명단을 정리 중이어서 한국은 물론 미국의 선교역사의 귀중한 자료가 되리라는 것에 의심의 여지가 없으리라 확신한다.

이 두 분의 수고를 잠시 묵상하면서 "나는 이 세상에 무슨 흔적을 남기고 떠나갈 것인가?" 나 자신을 향해 질문을 하게 되었다.

한국에는 현재 은퇴한 성직자가 매우 많다. 원래 성직자는 일반인보다 평균수명이 길다고 했는데 전체적인 한국인의 평균수명이 늘어난 탓에 은퇴하여 생존해있는 성직자가 옛날에 비해 몇 갑절 많은 것 같다. 그 중에는 훌륭한 사역의 발자취를 남긴 분도 있고 그러지 못한 분이 더 많은 것이 사실이다. '호랑이는 죽어서 가죽을 남기고 사람은 죽어서 이름을 남긴다.'는 속담도 있지만 많은 성직자들이 은퇴시에 무엇인가 이름을 남기고 싶어 한다. 그래서 다수의 은퇴 예정 목회자들이 필자를 찾아와 평생 강단에서 외친 설교를 정리하여 설교집을 내고 싶다고 상담을 요청한다. 그러면 필자는 설교집 출판을 말린다. 설교 집필이 쉽지 않고, 출판비 감당도 어렵기도 하지만 말리는 이유는 따로 있다. 한마디로 설교집 출판은 심하게 말해 '출판공해'일 뿐이라고 답해 준다. 설교집을 출판해도 사서 읽는 사람은 거의 없다. 비매품으로 해서 기증을 해도 받으면서 "수고했어! 고마워!" 할 뿐 겉장도 열어보지 않는 사례가 수두룩하다. 많은 크리스천들이 잦은 예배와 각종 매체를 통해 '설교홍수' 속에서 살고 있기 때문이다.

그래서 필자가 권유하는 것이 '기념문집' 출판이다. 1987년 '조종남 박사 회갑기념논문집'부터 시작하여 최창도 목사, 이헌영 목사, 박종만 목사, 정재학 목사, 최화중 목사, 이상철 목사, 정진경 목사, 홍순균 목사, 전영규 목사, 곽우불 목사, 이명직 목사, 조병창 목사, 지성천 목사, 신명범 장로, 김영제 목사 등 여러 분들의 기념문집과, 안수훈 목사, 이수민 장로, 황예행 선교사, 안봉화 권사 등의 자서전을 제작, 출판해 주었다. 거의가 성결가족 들이다.

기념문집에 수록된 약전(略傳)은 거의 모두를 필자가 직접 집필하였다. 한 결 같이 그 분들의 감동적인 발자취에 매료되었기에 후손들과 믿음의 후대들에게 유산처럼 남겨질 기념문집들이라 자부해 본다. 아마도 이 분들은 이 세상에 태어나서 무엇인가 삶의 흔적을 남기고 가게 되지 않았을까 생각되기도 한다.

위에 열거한 문집의 주인공들은 이름만 들어도 여러 사람이 아는 유명인도 있지만 이름조차 생소한 무명인도 있다. 그래서 다수 은퇴하신 성직자들이 자신의 생애를 글로 남길만한 것이 없다고 겸손하게 사양하지만 그들에게 정중히 물어보고 싶다. "당신의 생애와 동일하게 스릴 있고 감동적인 역사를 가진 또 다른 사람이 이 세상에 존재했었는가?" 또한 "당신의 인생을 당신만큼 사랑한 사람이 이 세상 어디에 존재하는가?" 마지막으로 "인간은 누구나 죽게 마련인데 무슨 흔적을 남기고 떠나가겠는가?" 묻고 싶다.

백수복

충남 강경 출생(1938년)
서울신학대학교 및 대학원 졸업
코헨신학대학교 신학박사
현대문학으로 등단(수필)
한기총 제3회언론상 수상
역사, 문학, 신학 등 110여권 도서 편저

수필

이준 열사는 대한제국의 1호 검사였다

서 성 택

이준 열사가 정식 법조교육을 받아 대한제국의 최초 검사였다는 사실 우리 국민 전체가 아는 사람은 별로일 것이다.

이 사실을 밝혀 소설속에 담아 펴낸이는 현직 서울 고검 임무영 검사로 역사속에 희미한 사실을 밝혀낸 장본인으로 알려졌다.

우리가 아는 사실은 1859~1907년 고종황제의 헤이그 밀사로 갔다.

회의의 진행상황을 살펴본 결과 을사늑약의 불법성을 알게되어 낯선 이국땅에서 할복 자결하여 싸늘한 시신으로 일생을 마감하였다. 여기까지는 일반적으로 아는 사실이다.

이준열사가 순국한지 56년만에 1963년 고국으로 돌아오게 되어 서울 수유리에 묘소가 마련되어 안장되었다. 열사의 묘소가 수유리에 안장 된것도 모르고 있는 사실 역사는 묻혀버렸다.

해외에서 나라를 위해 싸우다 돌아가신 선열의 유해 환국을 봉안토록 한 것은 박정희때였다.

그분의 감사함도 잊어서는 안될 일이다.

잘한 것은 잘했다 못한 것은 못했다, 판단이 뚜렷해야 하는 것이다. 무조건은 없는 것이다.

이준열사의 조선제국의 검사생활 과정은 법관 양성소의 제1회 수료생으로 1896년 한성재판소 검사시보로 시작되었다. 최초 현대적 재판소에 임명자가 몇 있다 하나 정식 교육을 받은 자로는 이준열사가

처음이었다 한다.

조선 제국의 아관파천의 중대 사건이 발생되자 이준 열사는 검사 시보를 그만두고 일본으로 망명, 와세다대학에서 법학을 전공 다시 검사 임명을 받을때가 1906년이였다.

권력에 공명정대하고 억울한 쪽에 서서 구제하는 검사로 호법신(護法神)이라는 별명까지 얻은 국민의 존경을 받았다.

이준 검사는 매국노 이완용, 이하영 등 을사늑약 서명에 앞장섰던 을사오적과 맞서 싸우다 파면을 당하였다.

당시 행적이 신문에도 보도될 정도로 불의를 참지 못했던 강직한 성품으로 많은 역경을 겪었지만 고종황제의 특사로 이준을 점찍게 된 계기도 되지 않았느냐는 것이다.

이와 같은 방대한 사실을 현역 검사인 임무영 그는 선배검사 이준 열사의 생애를 소설속에 담아 만천하에 알리고자 하는 이준의 충혼을 이어받아 검사들의 모델로 삼자는 뜻을 모아 연구 모임이 만들어 졌다하니 우리 국민은 대 환영을 함이다.

이준 열사의 핏자국이 빛을 솟구치는 헤이고 밀사지로 직접 체험해 보기 위해 실제 답사를 한 것은 이준 열사의 혼령이 얼마나 반가워 하였을까?

이준 루프 프로그램을 짜서 지속적으로 진행한다 하니 이런 뜻 깊은 역사속을 파해쳐 선배검사의 삶을 알리려고 소설속에 담아줌으로 새로운 역사가 창조되는 것 같다.

헤이그 만국평화회의는 일본의 구심점이 되어 조선제국을 삼키려는 사전 모색된 잔악 행위로 전세계 인류의 집단 견제성이 앞서 일본을 망국의 길로 빠지게 될 것일 것이다.

우리의 5,000년 역사속에 오뚜기처럼 누질리지 않고 끈끈한 노력의 힘 오늘의 세계속에 우뚝서는 강국의 길목을 맞았으니 행복을 누리며 살것이다.

이 모든 것은 임무영 같은 분이 역사의 삶을 파헤쳐 국민여러분께

알려주는 것이 이 나라의 충정이요 5,000년 역사의 光路가 환히 열려 이어갈 것이다.

임무영 검사님 감사합니다.

서성택

좋은문학 시 부문 신인상 수상, 월간 국보문학 수 부문 신인상 수상
재경 대구 · 경북도민회 자문위원(현), 국걸문학 작가회장
(사)한국문인협회 이사, (사)서대문문인협회 회장
한민족(연합) 남북공동대표, 국제 펜클럽 회원
한국문화예술신문 문화대상 수상(2011)
월간 국보문학작가협회 회장, 전국자연걸토중앙회 자문위원

수필

길상사에 핀 꽃

차 혜 숙

길 위로 핀 꽃. 역시 아름답다.

척박한 땅위에 언제 어디에서 날아왔는지 바람결에 실려 왔는지 홀로 피어나 지나는 나그네의 발길을 멈추게도 하고 잠시 시름을 잊게 해주기도 하는 그 꽃이야말로 자연의 섭리인 생명의 꽃이런가. 어쩌면 우리네 삶의 모습이요. 일상을 피고지고 또 피우는 희망 같은 그래서 자연 발화되어 불꽃처럼 피어나기에 법정스님은 요정의 기생이었던 김영한 보살에게 길상화라는 법명을 주신 것이 아닌지.

성북동에 위치한 요정을 지금의 길상사인 정토로 거듭나게 한 것은 법정스님이 타계하시면서 빛을 발하게 된 것이리라.

세인들의 눈에는 요정이라고 하면 기생들이 고관대작과 어울려 풍류를 즐기고 장안에 내놓으라하는 한량들이 드나들던 곳으로 비쳐진다.

한때는 외국 사신들의 접대 처로도 쓰여 항간에서 요정정치 운운한 적도 있고 보면 한 시대를 풍미하던 곳이기에 지금 생각해 보면 격세지감이라고도 할까.

기생들은 여느 아낙네와는 다르겠지만 날마다 풍악소리 그치지 않고 순간의 향락을 취하기도 했겠으나 그곳을 찾는 이들 또한 아무나 갈 수 있는 곳이 아님에 격이 있었을 것이요. 자연, 기생들의 미모도 아름다웠겠지만 그 옛날 기생이라 함은 기방의 예법과 가무와 교양, 혹독한 수련을 통해 상대방에 대한 예절법도를 지켜야 했을 것임에 단순히 방중술만

익힐 수 있는 것만은 아닐 것이라고 생각되어짐에 객관적으로 볼 때 기생의 삶을 격하시킬 수도 없는 것이리라.

그런 의미에서 본다면 요정을 시주한 그녀 역시 예사롭지는 않았으리라.

진향이라는 기생으로 불리워진 김영한, 그녀는 백석이라는 시인을 사랑했고 백석은 자야라는 이름을 지어주었고 그렇게 불렀다고 한다.

훗날 백석 시인이 월북을 했고 한평생 그리워하면서 지내던 중 법정 스님에게 요정을 정토로 만들어 주고자 부탁했는지도 모른다.

아마도 인생의 덧없음을 알았음이리라.

시가, 천억 원 상당을 시주할 때 기자가 그녀에게 물었다고 한다.

시주한 대가로 염주 하나와 길상화라는 법명을 받은 것이 너무 적지 않겠느냐고 했더니 그녀 왈, 저는 죄 많은 사람입니다. 내가 사랑한 백석시인의 시 한 줄만도 못한 것이 무엇이 아깝겠습니까. 하고 말했다고 한다.

참으로 가상한 일이지 않은가.

자신의 일생을 갈고 닦은 터전을 댓가없이 내놓는 것도 쉬운 일은 아니요. 사랑하는 이에 대한 그리움으로 홀로 지내 왔음에 시 한 줄만도 못한 값이라고 한 그녀의 숭고함을 엿볼 수가 있다.

물욕이 넘쳐나는 세상에서 명답중의 명답이요. 그곳을 정토로 만들고자 애쓰신 스님 덕에 그녀의 넋은 물론이고 동거 동락한 기생들의 넋마저 닦아주는 역할을 하게 되었잖은가.

다른 절에 비해 유독 정원이 아름다운 길상사에 접어드니 마치 법정스님이 나를 반기는 듯싶다. 아기자기한 꽃밭 사이로 계곡물이 흐르고 구부러진 언덕위로 방갈로 형태의 오두막이 줄지어 있다.

그 옛날, 방, 방이 하룻밤 사랑의 불을 지피우고 욕망을 해소하던 오두막이 이제는 스님들이 고행하는 참선의 장소로 쓰이고 있으니 참으로 아이러니컬하다고나 할까.

물이 흐르는 계곡 위로 놓인 돌다리를 건너면 그녀를 기리는 비석이 있고 비석은 남근의 형태를 하고 있다.

임을 그리며 살아온 망자가 저승에서라도 임을 만나 영원하라고 음양의 조화를 상징한 것인지.

나는 진향이라는 기생으로 살았던 망자의 모습을 그려본다.

단아하게 거문고를 켜는 여인을 그려보기도 하고 묵화를 치는 여인, 아니면 계곡 아래 사뿐히 앉아 찾아온 이들과 망중한을 즐기는 여인을 상상해 본다.

비록 천대시 받는 기생의 몸으로 살았으나 정신만은 고귀함에 수많은 재산을 아낌없이 바쳐 중생들에게 무소유를 실천한 스님과도 같은 이치로 돌아갔음은 진향, 자야, 김영한으로 산 그녀야말로 일깨움을 준 것은 물론이요 중생들에게 큰 보시를 한 셈이다.

다른 한편으론 그곳을 찾는 이들에게 부처의 깨달음을 전해주는 도량으로 만드심은 후세에 남을 것이며 삶의 모습이 어긋났다손 치더라도 어찌 살고 어떻게 가야함을 깊게 깨우쳐 준 것임에 절로 고개가 숙여진다.

한사람의 힘이 이토록 영원한 정토를 구현해 힘을 줄 수 있음에 새삼 나야말로 부족의 소치임을 일깨워 주는 것은 아닐는지.

꿈속의 사랑

나는 길 떠나는 나그네였다.

어디론가 정처 없이 걷고 있었는데 내 옆에는 남자 세 분이 동행을 했다.

참으로 이상한 것은 그들이 생소하니 생면부지임에도 불구하고 오랫동안 알고 지낸 이들 같다는 것이다.

그들 중 한 사람은 중년 쯤 되었을까. 구척거구에 위엄을 갖춘 모습이었고 다른 한 사람은 백발의 수염을 길게 늘어뜨리고 등이 구부정한 노인이었다. 노인 옆에는 까까머리의 18세쯤 됨직한 총각이 따라오는데 한결같이 빛바랜 무명 두루마기를 걸치고 바라를 메고 있었다.

나와 세 사람은 다정하니 이야기를 주고받으며 오솔길 따라 걷고 있었고 그렇게 얼마나 갔을 까. 어느덧 날이 어두워지면서 땅거미가 내려앉는지라 잠시 묵을 곳을 찾던 중에 마침 길옆으로 서 있는 헛간 한 채를 발견했다.

나와 그들은 헛간을 향해 걸어갔고 노인이 먼저 헛간 문을 열어젖혔다.

헛간 안에는 짚을 저장했던 곳인 듯 땅 바닥에 짚이 흩어져 있어 그런대로 하룻밤 묵어가기엔 안성맞춤이었다.

서너 평쯤 됨직한 공간, 한 켠에 작은 창문이 나 있어 그곳으로 달빛이 스며들며 등불 같았다.

일행은 등에 멘 바라를 내려놓았고 이내 노인과 총각은 먹을거리라도 찾아봐야겠노라면서 헛간 밖으로 사라져 갔다.

나와 중년의 남자만 헛간에 남겨둔 채로 말이다.

참으로 이해할 수 없는 것은 누가 먼저랄 것도 없이 서로의 시선이 마주친 순간 와락 끌어안은 것이다.

애틋한 연인이 만난 것처럼 열렬하게 열정적 사랑으로 최상의 절정으로 치달았다.

부끄러움조차 없는 무아지경에 빠져있는데 갑자기 인기척 소리와 함께 노인과 총각이 헛간 문을 열고 들어선다.

나와 중년의 남자는 아무런 일도 없었다는 듯이 침착했고 노인은 그를 향해 이제 떠나야 할 것 같다면서 먼저 헛간 문을 열고 밖을 향해나갔다.

나 또한 아무런 거부감 없이 그들을 따라 일어섰고 함께 밖으로 나왔는데 이게 웬일인가.

헛간 앞이 낭떠러지라니 그것도 수십 미터나 됨직한 절벽이 깎아지르듯이 서 있고 나와 남자 세 명이 나란히 그 앞에 서게 되었다.

그 때 중년의 남자가 말문을 열기 시작했다. 얘야. 너와 내가 헤어질 시간이 되었구나. 너는 저 아래로 내려가거라. 라고 말하면서 손짓을 하는데 그 곳은 절벽 아래로 펼쳐진 평야였다.

넓은 평야에는 기차가 쏜살 같이 달리고 있었고 기차 위로 뭉게구름이 흘러가고 연기를 뿜으면서 달려 나가는 기차는 마치 구름 위에 두둥실 떠가는 듯 했다.

그 광경이 어찌나 평화로운지 잠시 넋을 잃고 있으려니 그와 헤어져야만 한다는 것에 가슴이 메어지는지라 왜 나만 가야합니까. 라고 하니 그는 자신은 북쪽으로 가야 한다면서 내 어깨에 살포시 손을 얹더니 어깨를 흔들어 주었다.

아가를 달래듯이 흔들어주는 따스함에 눈물이 왈칵 솟구침에 그의 품속으로 잦아들었는데 얼굴을 들어 그를 올려다보니 아뿔싸!

그는 온데간데없고 어깨까지 늘어진 두 귀를 한 부처가 육환장 즉 석장(錫杖)을 들고 서 있질 않은가. 노인은 온데간데없고 총각 역시 두 귀가 위로 솟구친 형상을 한 부처의 모습이었는데 두 귀를 늘어뜨린 부처를 보

좌하듯이 서 있었다.

앗! 내가 부처와 동침을 하다니. 라는 말과 함께 깜짝 놀라 깨어보니 꿈이었다.

이럴 수가. 꿈치곤 참말로 기이하기 짝이 없다.

어제 법정 스님이 영면하신지 백 일째 되는 날이라서 길상사에 가 극락왕생하길 염원하고 돌아왔는데 바로 그런 꿈을 꾸다니 한편으론 신비하기도 하고 다른 한편으론 생시인 양 꿈속의 남자가 부처로 환상한 것인지.

죄송하기도 하고 황송하면서도 황홀함마저 일었으니 샤만적으로는 신과 접신하여 꿈에 사랑도 나눈다는데 나야말로 그런 것인지.

아무튼 이 꿈은 내게 어떤 의미를 부여하는 것이리라.

꿈에 바라를 메고 여행을 떠남은 인생여정을 의미하는 것이요. 세 남자는 삼불을 의미하는 것이고 가파른 절벽은 이승과 저승의 경계선이요. 헛간은 저승을 떠나는 첫 번째 쉼터요. 평야 아래 달리는 기차는 삶속의 운명선, 생명선을 나타냄에 끝도 시작도 없는 삶의 고행의 항로 같은 것이요. 뭉게구름은 인생의 덧없고 무상함이요. 그렇다면 부처와의 동침은 어떤 의미에서인가.

그것도 백일기도가 끝난 후에 선몽을 했으니 아마도 망자가 내게 깨달음을 주기 위함에서인지.

신기하게도 법정 스님을 기도하고 난 후에 이런 일이 생겨남은 예사로운 일은 아닐 테고 무언의 가르침을 주시고자 한 것이 아닐까.

이런저런 상념에 젖다보니 아무래도 망자가 살아생전에 머물렀었다는 송광사로 찾아가보기로 마음먹었다.

송광사. 그 곳은 전남 순천시 송광면 신평리에 위치해있다.

신라 말에 혜린이라는 스님이 터를 잡고 송광산 길상사라고 칭하였는데 고려 희종 때 송광사로 개칭했다고 한다.

대한 불교 조계종 5대 총림중의 하나로서 불교의 종합 수도장이요. 승려들의 참선 수행을 하는 도량으로서 고승들이 그 곳에서 통달코자 머무는 곳이기도 하다.

그래서인지 송광사는 깊은 산속에 있는 오지라고나 할까.

순천에서 택시를 타고 30여분 이상을 꼬불한 숲속 길을 달려갔다.

농가가 드문 그 길을 따라 바라를 메고 유유자적하니 걸었을 스님의 모습을 그리니 그 분의 정성어린 포교 속에 서울 성북동의 요정이 길상사로 거듭난 것은 정토로 만들고자 한 스님의 법력이기에 절로 고개가 숙여진다.

송광사 입구에는 널찍한 개울이 있어 마치 폭포가 흐르듯이 소리 또한 웅장하다.

콸콸 흘러내리는 물속에 세속의 찌든 때가 절로 씻겨 내려가는 듯 해 마음마저 청정해졌다.

나는 법당 안으로 들어서서 그곳에 모셔진 삼불을 향해 삼배를 올렸다.

선몽을 통해 깨달음을 주십사 이곳까지 왔노라고 고하고 나서 고개를 드니 바로 탱화 한 점에 시선이 꽂혔다.

아니! 이럴 수가. 어젯밤 꿈속에서 만난 그분이 어찌 탱화 속에 서 계시단 말인가.

각 나라의 피부색을 한 부처들이 줄지어 서있는 맨 앞줄에 미소를 머금고 서계시다니 도저히 믿을 수가 없잖은가.

어찌나 당황했는지 넋을 놓고 탱화 속의 그 분을 뚫어져라 응시할 수밖에.

그때, 탱화속의 부처가 내게 속삭였다.

왜 이제 왔는가. 라고 되묻고 계시잖은가.

차혜숙

한국문인협회 서대문지부이사
한국수 가협회 운영이사
불국문학협회 부회장
서대문문학회 부회장

백 일 장

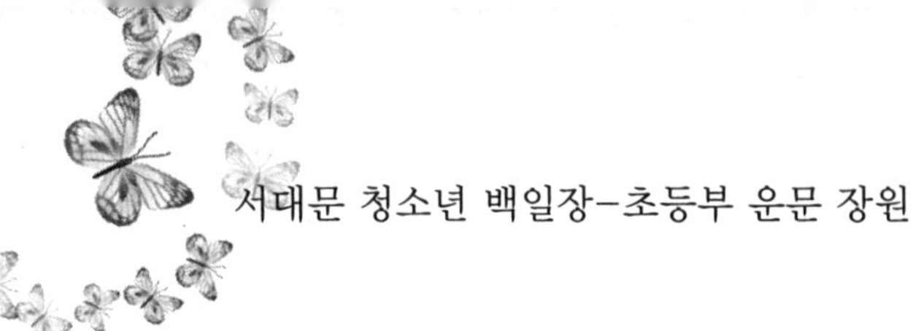

서대문 청소년 백일장-초등부 운문 장원

하늘의 빗방울

고은 초등학교
배서영

하늘에서 비가 내린다
하늘에서 누가 이렇게
구슬프게 울까

빗방울이 내 손바닥에
떨어졌다
빗방울 안에 우리 조상들의
피땀이 보였다
우산을 내리고
하늘을 보았다

비가 세차게 내리기
시작했다
나는 생각했다
우리 조상들의 피땀이
이렇게 흘러내리는데
우리는 모르는 거야

우리의 조상들이
이렇게 가까이 있는데
우리는 몰랐던 거야

하늘에서 비가 내린다
하늘에서 조상들의
피땀이 내린다
우리 조상들의 피 땀이
땅에 스며든다

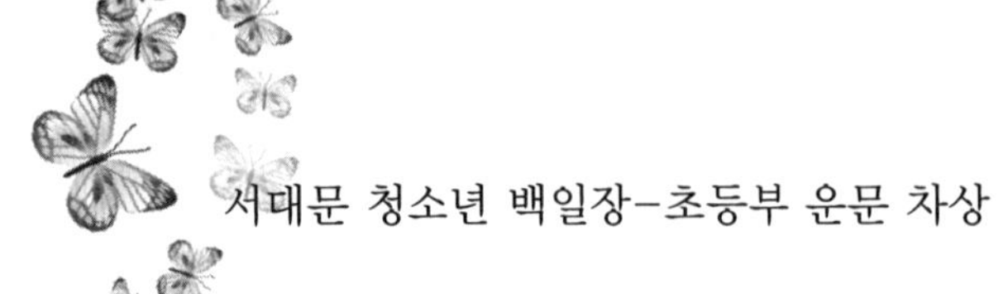

유 월

연희 초등학교
4학년 이동근

6 · 25 전쟁이 일어난 달
그깟 전쟁이 무엇이여서,
한 민족끼리 총을 겨눈 것일까?
지금까지도 6 · 25 전쟁을 잊을 수 없다.
하지만 지금은 휴전일 뿐 종전이 아니다.
아직도 북한은 도발하려고 준비하고 있다.
휴전중이라 북한은 언제든지 공격할 태세다.
통일이 되면 할 수 있는 일이 더 많아지지만
과연 통일을 기대해도 될까?
6.26일은 잊을 수 없는 날
우리는 통일을 간절히 원하고 있는데
그 통일은 언제나 오려나?

유월, 나라사랑의 달

반원 초등학교
4학년 변근영

유월은 나라 사랑의 달이 적절한 표현인 것 같다. 그 이유는 나라를 기념하는 날들이 가장 많기 때문이다. 일단, 가장 큰 예는 현충일이다. 현충일은 우리나라를 위해 목숨을 바치신 분들에게 감사하는 마음을 갖는 다시 한 번 되새기는 날이다. 나라 사랑하는 마음을 되짚어 보는 날이 거의 유월에 열리고 있다. 나도 유월에는 날마다 나라를 생각한다. 유월 첫째 주에는 서대문 형무소 역사관으로 현장체험 학습을 다녀 오기도 했다. 서대문 형무소 역사관을 다녀와서야 애국자들이 우리나라의 독립을 위해 몸 바쳤다는 것을 비로소 깨달았다. 이제부터는 애국 애족하는 마음이 어떤 마음인지 깨닫는 어린이가 되어야 한다고 다짐했다.

나는 원래 나라사랑을 별로 하지 못했는데 이제부터는 나도 나라사랑을 정말로 실천할 것이다. 나는 서대문 형무소에서 애국자들이 갇혀 있었던 감방, 고문을 당한 기구들을 보면서 정말로 이 나라를 위해 고생 했다는 것을 이번 기회에 더 자세히 알았다. 그 분들이 이 나라를 지켜주시려고 목숨까지 받쳤다 생각하면 정말로 눈물이 난다. 만약 우리나라가 북한과 전쟁을 벌이게 되면 애국자들처럼 전쟁을 말리며 통일 운동을 할 것이다. 그들은 나라를 지키려고 노력했고, 목숨을 바쳐 지키셨으니 얼마나 고통스러우셨을까? 나도 커서 애국자들처럼 큰 위인이 되고 싶다.

이 나라 위인들은 정말 존경스럽고 감사한 마음이 든다. 미래의 우리들을 위해 목숨을 바치셨으니 얼마나 대단한 인물들인가?

유월은 정말 나라사랑의 달이다. 나도 이제부터 다양한 방법으로 나라를 사랑할 것이다. 목숨을 바치고, 죽을 때까지 나라사랑을 실천할 것이다.

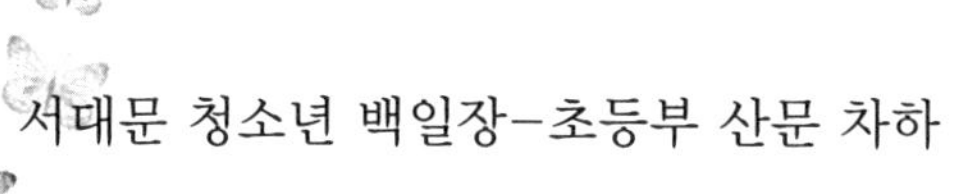

친구

서교 초등학교
5학년 송진욱

나에게 있어 친구란 웃을 때 같이 웃고, 슬플 때 같이 아픔을 나누는 것이 진정 참다운 친구라 생각한다.

친구란 따스한 말! 우리 반에서 만난 각자의 개성 있는 친구들은 정말 소중한 나의 친구들이다.

서울에 있는 많은 어린이 열두 살 중 몇 퍼센트의 확률로 맺어진 열매이다. 이 열매는 먹음직스럽게 익어가며 나중엔 떨어져서 그 씨는 또 다시 새로운 나무로 싹이 터 크게 자라나 열매를 맺을 것이다.

이 열매가 바로 우리 열 두 살짜리 동갑내기 친구들이다.

이 열매들이 바로 학교라는 나무에서 공동체로 살아가며 배우고, 웃고, 울고... 그렇게 웃고, 울고, 놀면서 맺어지는 실타래이다.

이 인연이 지금은 5학년 이지만 6학년이 되었을 땐 새로운 열매를 만들며 즐겁게 자라난다.

나도 2학년 때부터 5학년 때까지 추억을 만든 친구가 있다. 이것도 엄청난 인연이며, 더 잘 해주려고 노력하고 있다.

친구란 정말 소중한 것이라는 것을 직접 느낄 때가 가끔 있다. 체육 시간에 넘어져 무릎이 벗겨졌을 때 항상 내 옆에서 보건실에 같이 가 준 고마운 친구가 있다.

아! 나는 그 때 알았다. 친구가 무엇이며, 내가 적어도 그 열매를 계속 키워 나가고 있는지도 알았다. 친구를 잘 사귀는 방법 또한 더욱 더 잘 알게 되었다. 친구가 어렵고 힘들 때 도와줄 수 있는 친구가 진정한 친구란 사실을,

이름만 들어도 설레고, 가슴 벅찬 그 이름 친구……

6 · 25 전쟁

연희 초등학교
4학년 송정현

6 · 25일 우리에게 뼈 아픈 과거. 그 날 밤만 하여도 아무 일도 없었는데...... 그리고 새벽이 되자 갑자기 쏟아지는 포격. 우리나라는 무방비 상태, 북한은 유방비 상태...... 그렇게 우리나라는 북한에게 쫓기고 낙동강 방어선까지 후퇴. 그러자 유엔 연합군의 맥아더 장군의 작전인 인천상륙작전의 성공으로 전세는 역전 되었다. 이렇게 전세가 역전되자 위험을 느낀 북한은 중국에게 도움을 청했다. 중국과 북한의 연합군의 공격으로 다시 우리나라는 후퇴한다. 이렇게 몇 년 동안 전세 역전과 후퇴를 반복하다 사람들은 휴전을 하기로 한다. 휴전. 전쟁이 끝난 것이 아니라 잠시 쉬고 있는 것, 전쟁이 끝난 것은 종전. 휴전과 종전은 엄연히 다르다.

우리와 북한은 아직 휴전 중, 평화는 쉽게 찾아오는 것이 아니라 여러 노력을 통하여서 찾아오는 것이다.

6 · 25 전쟁으로 인해서 생긴 이산가족이 아직도 만나지 못하고 있다.

1945년 8월 15일 광복 이후에 평화만 있을 줄 알았는데 뼈아픈 고통이 다시 생기다니, 도대체 이 길고도 긴 전쟁은 언제까지 이어질 건가?

나는 오로지 통일만이 이 전쟁을 끝낼 수 있을 것 같다. 전쟁으로 인한 통일이 아니라 평화 통일 말이다. 어서 이 평화 통일이 이루어져서 이 전쟁이 끝나면 가족과 같이 북한에 있는 금강산으로 놀러가고 싶다.

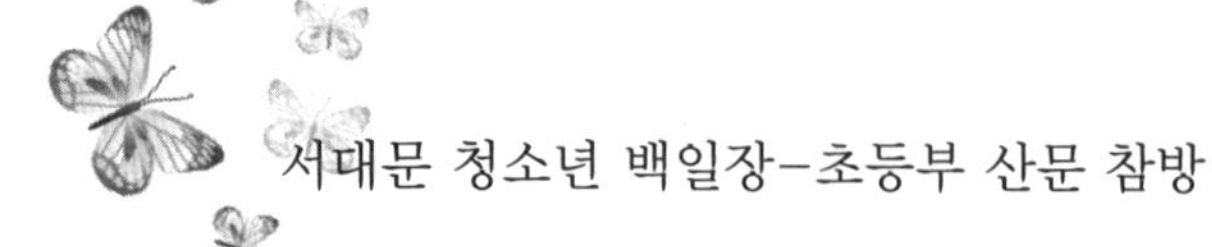

6 · 25에 대하여

홍연 초등학교
5학년 이연수

책에서 역사에 대한 이야기가 나왔다. 나는 이 책을 읽고 생각 하였다. 왜? 북한이 우리나라에 쳐들어 왔는지 왜? 우리나라에 들어와서 사람들을 죽였을까? 나는 엄마한테 물어 보았다. 엄마는 북한이 우리나라를 가지려고 했다고 하셨다. 북한에도 땅이 있으면서 왜 우리 땅을 가지려고 하였는지 그때부터 나는 북한에 대하여 검색 하였다. 북한 대통령은 누군지 알아보았다. 검색 결과 북한 대통령은 김정은 이었다.

그런데 이미지 검색을 해 보니 여자가 아니고 남자였다. 하긴 여자라면 그런 못된 짓을 안했을 것이다. 검색 하던 중 북한이 우리나라로 이탈했다는 검색 결과가 있었다. 우리나라로 북한이 왜 이탈 했을까? 궁금해 알아보니, 북한은 살기가 어려워서 이탈했다고 한다. 하긴 나도 우리나라가 잘 산다고 생각한다. 또 엄마가 옛날에 전쟁을 겪으신 분들 때문에 우리가 지금 행복하게 잘 살수 있는 것이라고 하셨다. 그 당시 우리나라 사람들은 얼마나 힘들었을까? 나는 그 당시가 궁금해 졌다. 지금도 북한이 우리한테 미사일을 던진다는 협박 때문에 우리 가족은 매월 첫째 주 일요일에 서울역에서 만나자고 미리 정해놓았다. 그래서 우리 가족은 북한이 미사일을 던지지 않았으면 좋겠다.

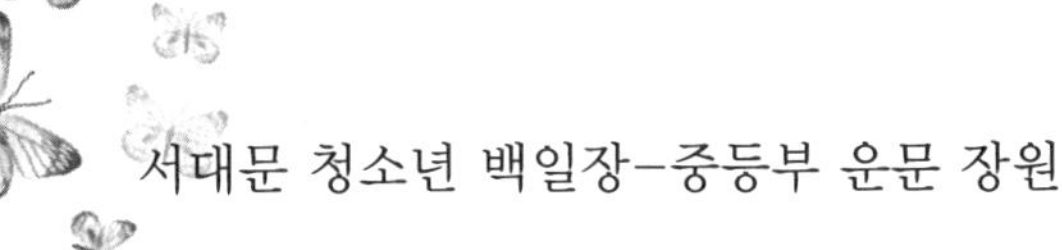

서대문 청소년 백일장–중등부 운문 장원

하늘을 보았다

신연 중학교
배하영

하늘을 보았다
을사오적들이
멋대로 만들어 낸
을사조약의
슬픈 현장을,

하늘을 보았다
3.1 운동의
뜨거운 함성을,

하늘을 보았다
수많은 애국 열사들의
참된
애국정신을,

하늘을 보았다
마침내 광복,
펄럭이는 태극기 속

나부끼는
우리의 사랑을,

그리고 이제,

하늘을 본다
현재의 삶 속에
부단히 살고 있는
우리들
또 다른 희망을
품어 낼 우리를
아픔을 훌훌 털고
다시 일어날
우리를

하늘은 본다.

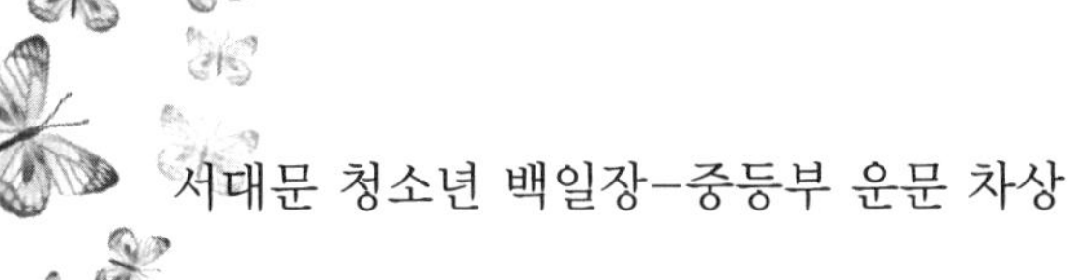

친구

성사 중학교
3학년 이문교

무슨 일 있으면
걱정해 주는 친구
내가 선생님한테 혼나면
위로해 주는 친구

내가 싸울 때나
짜증날 때
같이 있어준 친구

내가 전화하면
달려와 주는 친구

날 생각해 주는
친구가
정말 좋다.

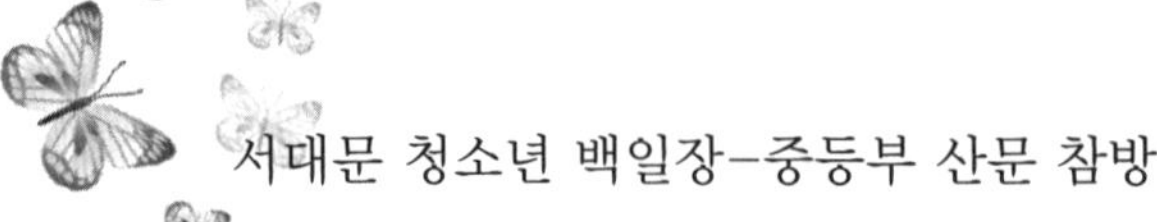

유월 하늘 아래서 친구와

연희 중학교
1학년 백재현

어느덧 따스한 봄이 지나가고 후덥지근한 여름이 왔다. 그토록 짧던 낮이 길게 느껴진다. 바로 앞에 있던 학원도 길게 느껴진다. 즐겁던 체육 시간 그늘만 찾게 된다. 하교 길엔 괜히 시원한 편의점에 친구와 함께 있게 된다.

이 더위, 내 친구가 있어 행복하다. 비록 불쾌지수가 높아 가족에겐 소홀해도 친구는 좋다. 그러나 한창 사춘기인 아이들, 나는 항상 짝사랑이다.

유월, 지금은 아주 바쁜 시험공부를 할 때다. 너나나나 스트레스 받아도 같이 공부하면 혼자 할 때 보단 갑절로 머리에 들어 온다.

뜨거운 유월 하늘 덕에 친구 관계는 더욱 끈끈해진 것 같다. 올해의 유월하늘이 지나면 또 내년의 유월 하늘이 기다려질 것이다.

유월 하늘아 고맙다.

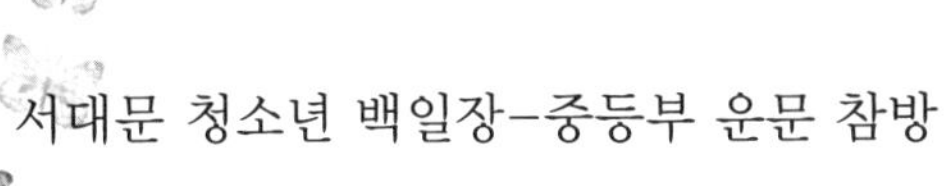

친구

인왕 중학교
3학년 홍덕기

친구란 편안하다
친구란 친절하다
친구란 사랑이다
친구란 추억이다
친구란 행복이다

친구는 장난이다
친구는 화해이다

평생의 친구

대구 매천 고등학교
김민솔

인생에서 가상 소중히 생각하는 것이 무엇이냐고 묻는다면, 흔히 사람들은 가족이라고 대답하는 사람들만큼이나 친구라고 대답하는 사람들이 많다. 내가 가장 순수할 때 동심을 나누고 따뜻한 기억 속에서 익숙한 온기로 남아 있는 것이 친구라는 존재이기 때문에 사람들은 소중한 무언가에 망설임 없이 친구를 떠 올린다.

나에게도 역시 소중한 친구들이 마음 곳 깊이 자리 잡고 있다. 내가 가장 힘들 때 내 곁은 지켜주었던 친구. 나의 기쁨을 자기의 기쁨마냥 함께 웃어주던 친구, 마음의 병이 깊어져 말없이 손만 잡아주어야 하는 친구, 때로는 얼굴 붉히며 다투어도 금세 웃음 보이는 친구, 오래된 앨범 속에서 유유히 그 미소 그대로 남아 있는 친구. 만난 계절과 저마다의 사연이 모두 달라도 내게는 이 모든 친구들의 삶에 있어 든든한 버팀목으로 나를 지탱하고 있다. 나는 이 친구들을 위해, 친구들의 마음속에 나라는 사람이 힘이 되어주는 존재이고 싶기 때문에 친구들의 감정과 기분을 헤아려 주고 속 깊은 이야기를 들어주곤 했다. 친구들의 마음과 낯빛을 살피는 사이에 인생에서 가장 소중한 친구를 잠시 잊어버리고 점점 멀어지는 짓도 모른 채 나는 그저 친구들의 마음만 보려 애쓰고 있었다. 누구보다 나를 잘 알고 누구보다 나의 마음을 헤아려 주고 모든 내 인생에서 나의 손을 잡아줄 소중한 친구는 다름

아닌 바로 나 자신이다. 언제부터인가 나는 내 자신과의 깊은 대화는 하지 않고 다른 사람의 이야기를 듣고 싶어 했다. 친구의 기분이 어떤지 친구는 무엇을 좋아하는지 궁금해 하면서 나는 언제 행복을 느끼는지 어떤 인생을 살고 싶은지 그리고 나 자신은 어떤 사람인지에 대한 의문은 풀어보지 않았다. 하루하루 분주하게 살아가는 동안 나는 무의식중에 작은 상처를 조금씩 받고 있었고 내 마음이 상처로 병이 들어가는 동안 나는 거울을 보며 내 마음을 보듬어 주고 이야기를 나누어 본적이 없었다.

나 자신과의 시간을 가지고 내 마음을 보살펴 주자고 스스로 다짐한 이후로 나는 친구들과 함께 즐거운 이야기를 하는 것만큼이나 혼자만의 시간을 가지는 것이 좋아지기 시작했다. 때로는 친구들과 놀이공원에 가는 대신 혼자 공원을 거닐며 생각에 잠기는 것이 좋아졌다. 바쁘고 반복적인 생활패턴으로 빠르게 흘러가는 시간 속에서 차마 나 자신도 이해할 수 없는 행동에 대한 생각과 모른 채 지나쳤던 나의 소중한 기쁨을 한 번 더 떠 올리며 나에 대한 많은 생각들을 했다. 많은 친구들과 어울리며 살아가는 삶과 더불어 나 자신과 가장 친한 친구가 된 이후 나는 조금 더 넓은 마음씨와 아량을 가지게 되었다. 나에 대한 이해와 관용만큼 다른 사람을 이해 하고자 노력했고 나의 상처와 아픔부터 어루만져 주고 나니 다른 사람의 아픔이 더 투명하게 보였다. 이전보다 더 큰 이해를 베풀고 더 진실 된 마음을 나눌 수 있는 것에 나는 더 없는 기쁨을 느낄 수 있었다. 무엇보다도 나와의 대화가 많아지고부터 나는 나의 꿈과 미래에 대해 밝은 불을 켜고 생각해 왔다. 어둡고 불안할 수 있는 시기에 나 자신이라는 친구는 밝은 빛으로 나를 비추어 좀 더 긍정적인 사람으로 만들어 주었다.

인생에서 가장 소중한 친구는 멀리 있는 것이 아니다. 나 자신부터 되돌아보고 마음을 맑게 씻어준다면 나 먼저 누군가에게 소중한 친구가 될 것이고 친구 역시 나에게 깊은 의미가 될 것이다.

가끔씩 나는 슬프거나 외로울 때 혼자만의 시간을 갖고 나와의 대화를 한다. 때로는 혼자 여행을 하기도 하며 나를 더 사랑하고 이해하는 것에 시간을 아끼지 않는다. 앞으로 평생 함께야 할 나라는 친구와 나는 그 어떤 의미의 친구보다 더 소중한, 인생의 최고의 동반자로써 행복을 나누는 친구가 될 것이다.

명지 고등학교
1학년 이지안

우리는 일반적으로'하늘'이라는 단어를 들으면 높고 파란 하늘에 새하얀 구름을 떠올린다. 하지만 하늘은 늘 그렇게 푸른 것이 아니요, 늘 그렇게 높고 넓은 것도 아니다. 어떤 날은 가슴이 뻥 뚫릴 만큼 높고 파란 하늘이 있는가하면 또 어떤 날은 구름이 파란 하늘을 온통 덮고 있고, 비 오는 날은 한없이 우울해지고 어두워질 만큼 우중충한 하늘이 있다. 노을이 진 저녁하늘, 당장이라도 늑대가 울것만 같은 캄캄한 밤 하늘 모두 하늘의 종류 중 하나이다. 나는 그 중에서 밤하늘에 대하여 이야기 하려고 한다.

하늘을 보면 나도 모르게 기분이 바뀌는 것을 느낄 수 있다. 우리가 일반적으로 "아, 날씨도 좋은데 소풍이나 갈까?" "안 그래도 우울한데 비까지 와서 더 우울하네."등 모두 날씨와 관련된 우리의 감정임을 알 수 있다. 파란 하늘에 군데군데 낀 흰 구름들을 보면 기분이 좋아지지만 밤에 혼자 밤하늘을 보는 것도 높은 하늘을 보는 것 못지않게 괜찮은 일이다. 밤에 하늘을 보면 모두들 자고 있고 곤충들이 우는 소리만 들려 밤하늘이 모두 내 것처럼 느껴진다. 그러면 그제서야 오늘 하루의 일들, 내일의 할 일들을 생각할 분만 아니라 한 주제를 놓고 막연한 생각을 하게 된다. 그 시간들이 나중에 돌아보면 잊지 못할 하나의 추억으로 남게 되는 것이다. 그리고 밤하늘을 보는 것은 오전에 보는 하늘과는 사뭇 다른 느낌을 준다. 말로나 글로는 표현하지 못할 그 무언가가 가슴속을 가득 채우고 있다.

지난 목요일에는 학교에서 야자가 끝나고 집으로 가는 길에 하늘을 보니 배부른 상현달이 떠 있는 것을 볼 수 있었다. 달 주변에는 살짝 낀 구름들이 있었는데 그 모습이 너무 아름다워 밤길을 뗄 수가 없었다. 구름 한 점 없는 하늘도 아니고 모양이 예쁜 보름달도 아닌 어딘가는 부족한 상현달이었음에도 불구하고 내가 밤길을 떼지 못했던 이유는 밤하늘 그 자체가 주는 무언가가 있기 때문이다. 밤하늘을 보면 왠지 모르세 걱정, 근심이 사라지는 것 같다. 마치 그 고요함 속에 묻혀 버릴 것 같이...... 이렇게 밤하늘을 자주 보면 한결 기분이 나아지고, 한 시간도 눈 깜짝할 새 지나가 버린다.

오늘밤에 가장 큰 보름달이 뜬다고 한다. 오늘밤에 고요히 밤하늘을 보며 자기만의 시간을 갖는 것은 어떨까? 한 주를 마무리하고, 새로운 주를 계획하는 것 또한 괜찮은 일이다. 밤하늘을 보며 말로나, 글로는 표현하지 못한 그 무언가를 느껴보기를 바란다. 그것을 느끼면 앞으로도 계속 밤하늘을 찾게 될 것이다.

친구

세민정보고등학교
3학년 이명교

사람은 무리를 지어서 살아가는 동물입니다. 그래서 가족, 동료, 친구 등 여러 가지의 무리가 지어져 왔다. 그 무리 중에서 친구라는 존재는 자신의 인생을 좌지우지하는 중요한 존재이다. 우리나라 속담 가운데 '친구 따라 강남 간다'라는 말도 있듯이 그 말처럼 친구가 좋은 친구라면 좋은 길로 나쁜 친구라면 나쁜 길로 가게 되어 있습니다. 이렇듯 친구는 나 자신 인생의 동반자이자 내 인생을 좌우하는 존재이자 내가 가장 신뢰할 수 있는 존재입니다. 학창 시절 나의 친구는 같이 웃고 떠들고 선생님께 같이 혼나고 기쁠 때나 슬플 때나 나의 곁에 있어주며 나의 작은 실수도 감싸주고 위로해주는 내가 마음을 열어 비밀까지도 말할 수 있는 친구 세상에 아름답고 멋있는 단어는 많이 있지만 내가 생각하기에 친구라는 두 글자 보다 멋있는 말이 없는 것 같다. 나와 평생을 같이 웃고 떠들고 슬플 때나 기쁠 때나 내 곁을 지켜주는 친구 선생님한테 혼 날 때 장난칠 때 늘 나의 곁에서 나를 지켜주는 친구 늘 나의 곁에 있어서 고마움을 모르지만 생각해보면 참 고맙고 미안한 생각이 드는 내 친구 나와 내 친구들이 우정이라는 두 글자 속에서 세상이라는 곳을 향해 같이 한발 한발 나아갈 수 있는 내 친구들이 되었으면 좋겠다.

"순결은 흰색이라 금방 변하고 사랑은 빨강색이라 색이 바래지지만 우정은 무색이라 영원히 변하지 않는다."

이 말이 갑자기 머릿속에서 생각이 납니다. 사랑은 언제 떠날 줄 모르지만 내 친구 우정은 언제나 나의 곁을 지켜 주기에 색이 없다고 생각 합니다. 그렇기에 인생을 살아가면서 가장 중요한 것들 중에 하나인 친구 나의 친구 소중한 친구들이 생각납니다.

하늘

대성 고등학교
2학년 김정훈

'하늘을 자주 보는 사람들은 마음이 따뜻하다'는 말을 들은 적이 있다. 그 말을 들은 나는 마음이 따뜻해지고 싶어서인지는 몰라도 자주 하늘을 보게 되었다. 처음 하늘을 봤을 땐 낮이었다. 구름 한 점 없이 푸른 하늘은 일상 속에서 답답해하던 나의 가슴을 뻥 뚫리게 해 줬던 것으로 기억한다. 어느 날은 구름이 있었고 솜사탕 같은 것들이 재미난 모양을 하며 두둥실 움직였었다. 하지만 나를 매혹 시킨 하늘은 낮이 아니라 밤이었다. 학교 야자를 끝내고 집에 가던 중 하늘을 바라본 내 눈에 들어온 달은 아름다웠다. 암흑 속에서 홀로 빛나서였을까, 그 달은 외로워 보였지만 아름다웠다. 그렇게 밤마다 달을 보게 된 나는 보름달을 가장 좋아하게 되었다. 미신은 질색하는 내가 어느 순간부터 힘들 때면 달을 보며 소원을 빌고 있었다. 이렇게 하늘 덕분에 나는 평생 마음의 안식처가 되 줄 친구를 얻었고 앞서 말한 문구처럼 마음이 따뜻한 사람이 된 것 같다. 이런 경험을 내 주변 사람들도 느꼈으면 하는 바람에 나는 친구나 가족과 걷고 있으면 가끔 하늘을 보라고 한다. 나처럼 무언가에 매혹 될지는 모르겠지만 일상에서 심신이 지친 사람들은 마음의 편안함과 함께 무언가를 느낄 거라고 생각한다. 하늘을 보는 것은 1초 정도 걸리는 사소한 일이다. 이렇게 사소한 일부터 시작해 많은 것을 느끼고 배웠으면 한다.

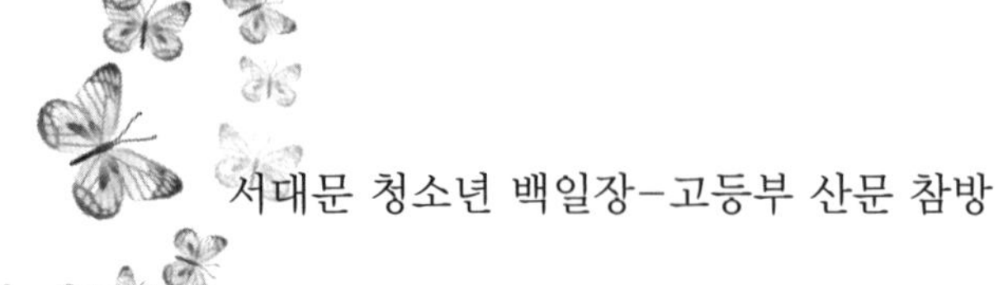

하늘

가재울 고등학교
1학년 하재성

하늘이란 무엇일까? 우리는 하늘이 단지 우리보다 높은 곳에 있다는 생각을 한다. 하지만 나는 하늘에 대한 또 다른 생각을 하고 있다. 하늘은 나에게 마법사 같은 생각을 떠올리게 했다. 나도 한때는 하늘이 그저 높은 곳에 있다는 생각을 했다. 그러던 어느 날 나는 부모님과 크게 싸우고 집을 나온 적이 있다. 갈 때도 없고 잘 곳도 없는 길거리를 무작정 걷기만 하였다. 나는 걷고 또 걷고 그러다 도착한 곳은 내가 집 나와서 울고 있던 벤치였다. 나는 다시 벤치에 앉아 울기 시작했다. 계속 울고 있던 나는 문득 하늘을 올려다보았다. 하늘은 검은 도화지 같이 깜깜했다. 나는 깜깜한 하늘을 계속 뚫어져라 쳐다보았다. 그런데 신기하게도 가슴이 편안해지는 듯이 집을 나오면서 느꼈던 분노와 슬픈 감정이 사라져 갔다. 나는 신기해하면서 생각을 하였다.

하늘은 힘든 일이 있을 때 올려다보면 우리에게 마법을 걸어서 마음을 편안하게 해 주는 것이다. 라고 생각을 하였다. 그 이후로 나는 열일곱 살 인생을 살아오면서 하늘은 모두의 마법사이자 우리에게 없어서는 안 되는 것이란 걸 알았다.

하늘

신현자

어제도 하늘은 푸르렀다
감옥의 어둠 속에서도
그리워하던 그것

오늘도 하늘은 역시 푸르다
호국의 영령들이
잠들어 있는 이 순간에도

내일의 하늘은 더욱 더
푸를 것이다
우리의 아이들이
밝게 비춰 줄테니까

몸 바쳐 지켜낸 아름다운 조국!
그대들이야말로 진정한
우리의 가장 푸른 하늘인 것을

늘 푸르른 하늘로

편해정

구름 한 점 없는 하늘을 바라다본다
나는 언젠가부터 하늘을 자주 쳐다보는 습관이 생겼다
왜일까?
나는 왜 그토록 하늘을 뚫어져라 주시하는 걸까?
뭔가 그리운 듯이, 뭔가 사무치듯이, 뭔가 애타게 기다리듯이...
나는 왜 이곳에 있는가?
문득 궁금해진다
이곳이 내가 있어야 할 곳이 진정 맞단 말인가!
저 먼 곳에 행여나 나의 그리운 누군가가 있는 것은 아닐까?
아름다운 푸른 하늘에 잠시 안기고 싶다
마치 엄마 품처럼 포근한 느낌
위로 받고 싶고 나의 푸념을 털어 놓고 싶다
그 품에 안기어 나의 속내를 모두모두 털어내고 하소연하고 싶다
나의 도시 생활은 녹녹치가 않다
아마도 나는 그때마다 하늘을 바라보았던 것 같다
마치 어린아이가 엄마를 애타게 찾듯이,
마치 병아리가 어미닭 날개 아래 파고 들 듯이
언젠가 내 편이 되어 줄 푸르른 하늘
그곳은 사랑과 평화 행복만이 존재 하겠지

그곳엔 다툼. 미움. 전쟁. 오해와 갈등 따윈 없겠지
그곳은 권모술수는 통하지 않겠지
그곳은 다른 누군가를 짓밟아야 할 이유는 없겠지
경쟁에서 이겨야만 사람 구실을 하는 그런 곳은 아니겠지
언제나 푸르른 하늘은
언제나 한결같은
언제나 변함없고
언제나 나를 한없이 위로해 주지
오늘은 바람이 나를 위로 하네
괜찮다고 그래도 세상은 살만하다며
그래도 아직은 절망적이지 않다며
내 등을 두드리며 한없이 따뜻하게 쓰다듬어 주네
오늘밤엔 하늘을 봐야지
하늘에 펼쳐진 별을 보며 누군가의 눈물을 닦아 주어야지
그리고 말해야지
우리의 이별은 길지 않을 거라고

그리운 나의 벗

임승미

어느 유월의 오후 우린 말없이 이별을 했지
서로 오해하고 이별을 했지만
가슴 한켠에 너의 모습은 담아두고 늘 그리워했지
아침마다 함께 했던 나의 친구
하루 종일 함께 해도 즐거웠던 우리였지만
한 순간 우리는 그렇게 헤어졌지
늘 보고싶고 그리운 나의 친구
세월이 흘러 어느 날 길에서 보게 된 너의 모습
다른 이들과의 웃음과 밝은 모습이 참 부러웠지
인사조차 건넬 수 없었지만 너무 좋았지
너와의 추억이 잊혀지지 않았고 늘 그리웠지
지금은 한 남자의 아내가 되었을 네가 정말 보고싶구나
요즘은 자주 너와 같은 이름 다른 모습들을 만나게 되는구나
아직 우리의 인연이 끝나지 않은 듯해서 기대를 해 본다
다시 만날날을 기약하며……
우리의 지난 잃어버린 시간을 찾아서
차곡차곡 쌓아가고 싶구나
보고싶은 그리운 친구야

하늘

한은영

바라보아도 바라보아도
보고싶은 그

당신이 항상 거기 있기에
내가 바라봅니다

당신 기분을 알기에
바라만 보아도 알 수 있어요

거기서 바라보는 나는
당신의 친구가 되고 싶어요

하늘 당신은 모든 것을 알기에……

현대시와 언어

김 송 배

1. 시는 언어의 예술이다

시는 언어의 예술이다. 물론 문학 자체가 언어를 매개체로 하기 때문에 언어 예술로서의 문학을 말할 수 있겠지만, 시는 고도의 언어 예술이다. 그것은 우리가 시를 쓰거나 이해하고 분석하려 할 때 먼저 그 작품을 구성하고 있는 언어를 살피고 언어를 통한 의식의 흐름을 유추하게 된다. 이 언어는 시를 구성하는 가장 기본적인 요소이다. 작품 전체가 포괄하는 이미지, 은유, 상징, 나아가서 주제까지도 언어를 통해서 이루어지기 때문에 작품의 총체적 의미 파악은 바로 언어의 이해가 필수적이다.

우리가 시를 창작할 때 언어의 결핍을 얼마나 절감하는지 모른다. 공자가 그의 아들 백어에게 시를 공부하지 않고는 남 앞에서 말을 할 수 없다(不學詩 無以言)고 가르친 것처럼 우리는 언어에 대한 별도의 훈련을 거치지 않으면 시를 쓰는데 많은 애로를 직면하게 된다. 오래전 신인상에 응모할 습작 한 편을 퇴고하던 날 밤, 적절한 단어 하나를 찾기 위해 밤을 하얗게 새우면서 국어사전을 뒤적인 적이 있었다. 끝내 찾지 못하고 다음날 우연히 만나게 된 중진 시인에게 물었다. 언어의 고갈을 충전하는 묘안은 무엇이냐고. 그의 대답은 한 마디로 '국어사전을 처음부터 끝까지 세 번은 읽은 후에야 시를 쓰기 시작해도 될까 말까'였다.

시인이 되려면 언어의 중요성은 말할 것도 없지만 지적, 인격적으로 또 다른 무엇이 가미되어야 한다는 암시로 받아들여 지금도 잊혀지지 않는 교훈으로 새기고 있다. T.S. 엘리엇도 시는 근본적으로 언어방법이라고 말했다. 언어에 의해서 시인은 그의 사상과 정서는 물론 그의 직각적인 메카니즘을 포착하고 기록할 수 있는 능력이 필요한 것이다. 한편 리처즈는 언어 전달의 총체적 의미 파악을 '말뜻', '느낌', '어조(語調)', '의도'의 네 가지로 분류하고 있다. 시 문장에서 한 단어 뜻이나 한 행, 한 연, 또는 시 전문에 대한 느낌을 이해하고 화자(話者)나 청자(聽者)들의 어조를 통해 작품 속에 내재된 의도를 파악하는 일이 중요하기 때문이다.

冬至ㅅ달 기나긴 밤을 한 허리 버혀내어
春風 니불 아래 서리서리 너헛다가
어론님 오신 날 밤이여든 구뷔구뷔 펴리라

황진이의 님을 그리는 애절한 정감이 총체적 의미로 나타나고 있다. 이처럼 시의 언어는 리처즈의 네 가지 분류를 모두 충족하면서 미화되고 함축적임을 알 수 있다. 다음 박목월 시인의「나그네」는 어떠한가.

강나루 건너서 / 밀밭 길을 // 구름에 달 가듯이 / 가는 나그네 //
길은 외줄기 / 남도 삼백 리 / 술 익는 마을마다 / 타는 저녁놀 //
구름에 달 가듯이 / 가는 나그네.

이 시는 일반 통념이나 과학적 사고에서 보면 지극히 비이성적이다. 사실성이 없고 객관적으로도 증명할 수 없다. 어떤 개념이나 의미 전달만을 목적으로 한다면 '어떤 나그네가 저녁놀이 덮힌 강나루를 건너 밀밭 길을 간다.'라는 서술로 충분하다. 시와 언어 사이에는 신비로운 시적 진실과 우주적 진실의 메시지를 내포(內包)하고 있다. 이렇게 시는 언어의 예술임을 자각한 우리의 최초 시인은 정지용이며 이를 되풀이하여 강조한 시인은 김기림으로 알려져 있다.

2. 시인은 언어의 연금술사다

시인은 언어를 직조하는 우수한 기능공이어야 한다. 똑 같은 쇳덩이로 칼을 만들 때 어떤 사람은 겨우 칼의 형체만 거칠고 서투르게 만드는가 하면, 어떤 사람은 칼날을 비롯하여 칼자루에도 세공을 곁들여 정교한 칼을 만드는 것은 무슨 차이 때문일까. 시인은 마치 마술사처럼 언어를 자유롭게 구사해야 한다. 이를 위해서는 절실한 언어의 훈련이 요구된다. 가령 한 작품에서 어떤 언어가 적합한가, 투박하고 아름답지 못한가, 감각적이며 색채가 있는가, 너무 관념적이며 어둡지는 않는가 등을 식별할 줄 알아야 한다. 대체로 시의 언어는 의미와 음성 그리고 이미지의 세 요소로 구분되어 있다. 우리가 시 한 편을 감상하면서 이러한 복합체의 미묘한 느낌을 받을 수 있다. 언어가 살아있기 때문이다. 언어를 통해 그 작품이 제시하고자하는 빛깔, 음성, 무늬, 감촉, 무게, 리듬 등등의 다양한 감각과 함께 나아가서는 시간과 공간의 개념까지도 식별할 수 있어야 한다.

어떤 사람을 가리켜 '언어를 좀 다룰 줄 안다'고 한다면 이는 벌써 시인이다. 그는 이미 언어의 성질이나 기능을 이해하고 있으며 언어에 대한 예리한 감수성을 가졌다는 것을 의미한다. 이와 반대로 언어에 대한 감각이 없거나 둔감한 사람은 일차적으로 시를 쓸 자질이 없다고 보아야 할 것이다. 그렇다. 제 아무리 좋은 소재에 아주 훌륭한 착상(着想)을 했더라도 언어의 고갈에 부딪히면 시를 쓸 수 없다는 것은 모두의 경험으로 잘 알고 있을 것이다. 그러나 태어나서부터 우리말을 사용하면서 살아왔는데 왜 언어를 다룰 줄 모르겠는가. 이런 언어로 표현만 하면 될 것이라는 반문이 있을 수 있지만, 시의 언어에는 앞에서 말한 세 가지 요소의 기능이 복합적으로 발휘되어야 한다.

우리는 청록파(박목월 조지훈 박두진) 서정 시인들의 언어 조탁(彫琢)을 경험했다. 사실 요즘처럼 국어사전도 흔치 않고 우리말이 체계적으로 정리도 되어있지 않은 시대에서 정련된 우리말로 좋은 시를 창작했다는 것은 그들의 천재성을 다시 확인하게 된다. 시의 매력은 언어에 있다해도 과언이 아니며, 시인은 항상 언어의 마력에 빠져있다. 그러나 우리는 언어의 유희(言弄)를 경계해야 한다. 잡다한 가식의 언어를 나열하거나 미사여구(美辭麗句)를 동원하여 마치 새로운 시세계를 개척한 것처럼 시의 본령을 어지럽히는 경우도 있음에 유의하여야 한다. 더러는 현학적이고 풍자정신의 노출로 독자들에게 특별한 관심을 환기시키면서 경각심을 촉발하는 역할도 하지만, 어쩌면 건전한 언어의 사용이라기보다는 말의 측면적인 재미와 일종의 관념에서 부리는 말의 장난에 가까워질 수 있는 결점과 위험이 도사리고 있다. 다음 송 욱 시인의「何如之鄕」은 어떤가.

孤獨이 梅毒처럼 / 여박한 8字면 / 淸溪川邊 酌婦를 / 한 아름 안아 보듯 / 痴情 같은 政治가 / 常識이 病인 양하여 / 抱主나 아내나 / 빚과 살붙이와 / 現金이 實現하는 現實 앞에서

너무 지나친 익살과 가시돋힌 풍자가 과감하게도 보이지만, 시의 격조나 위의(威儀)를 생각해보면 약간 경박한 패러디 같기도 하다. '고독'과 '매독', '치정'과 '정치', '실현'과 '현실' 등의 반복은 요즘 현대의 풍자시에서도 찾기 어려워졌다.

이렇게 풍자적인 언어의 유희를 아주 잘하는 사람으로는 김삿갓(金笠-김병연의 별칭)을 따를 자가 없다. 가령 '부고장'의 내용을 '유유화화(柳柳花花)'라고 해서 '버들 유'자와 '꽃 화'자를 겹쳐서 글자대로 해석하면 '버들버들 꽃꽃'이 되지만, 즉 부들부들하다가 꼿꼿해졌다는 것이니 사람이 죽었다는 의미이다. 언어의 유희치고는 과히 걸작이 아닐 수 없다.

四角松盤粥一器(사각송반 죽일기) 天光雲影 共徘徊(천광운영공배회)
主人莫道 無顔色(주인막도무안색) 吾愛靑山 倒水來(오애청산도수래)

김삿갓은 언어의 유희에만 능한 것이 아니다. 때로는 순정적인 심중의 언어로 사람들을 감동시키는 요소도 지니고 있었다. 어느 날 주인이 가난해서 죽 한 사발을 대접하면서 어쩔 주 몰라하는 주인에게 '네 다리 소반 위 죽 한 그릇, 하늘에 뜬 구름이 그 속을 배회하네. 머슥해 하는 주인 양반 안색 없다 주저 마소. 물에 비친 청산을 내가 좋아하니까.'라는 위로의 시를 전하고 있다.

3. 시의 언어와 시어는 다른가

우리가 시를 쓸 때 필요한 말을 시의 언어 또는 시어(詩語–poetic diction)라고 한다. 시의 언어는 시에다 사용할 수 있는 모든 언어를 말한다. 어떤 특정한 언어만을 사용해야 시가 되는 이른바 '시적 언어'가 아니다. 우선 유치환 시인의 「幸福」의 일부를 보기로 하자.

사랑하는 것은 / 사랑을 받느니보다 행복하나니라 / 오늘도 나는 너에게 편지를 쓰나니 / 그리운 이여 그러면 안녕 ! / 설령 이것이 이 세상 마지막 인사가 될지라도 / 사랑하였으므로 나는 진정 행복하였네라

그렇다. 우리 신문학 이후로 일상작인 구어(口語)로 자유시를 써왔다. 일상생활에서 나누는 구어, 그것이 시에 사용되는 언어이다. 그러나 그것을 한 단어씩 떼내어 본다면 아무 색채도 없는 그저 평범한 단어로 돌아가지만, 언어를 조합하거나 그 조합 자체가 각자의 사물에 대한 인식과 시 정신 또는 발상에 따라서 훌륭한 시의 언어가 된다. 그러나 시인은 단순히 현실의 상황을 그대로 표현하는 것이 아니라, 현실에서 동떨어진 무엇을 기본으로 하여 어떤 창조상의 세계를 언어로 보여주어야 한다. 이것이 앞에서도 말한 이미지를 포괄한 언어, 의미를 나타내는 언어들이다. 이런 언어들을 구사하여 착종(錯綜)시키면서 시인의 감동과 사유를 표현하게 되는데 이를 더욱 깊이 형용하거나 비유, 상징 등의 방법을 사용하여 그 복합적인 내용을 단적으로 생생하게 묘사하는 것이다. 대체로 일상어는 다양한 개념과 통념을 지니고 있다. 가령 '꽃 같이 아름답다'는 언어는 아름다움에 대한 일차적인 개념뿐이라서 시인들은 이 때문은 표현을 깨뜨리고 자신이 감동한 아름다움의 본질을 표현하지 않으면 안된다.

시의 언어는 다양하다. 부드러운 언어의 연결로 복잡하거나 난해한 부분도 시인의 언어 조합이 아니면 적절한 이미지를 살리지 못할 때도 있게 된다. 시인이 직면한 진실에 대해 거짓을 말할 수 없는 시인의 시정신의 엄격함에 달려 있다고 할 수 있다. 그렇다면 시어라는 것은 어떤 것인가. 시어는 '시적 언어' 즉 시 창작에 사용되는 특별한 단어나 어구(語句)이다. 이렇게 본다면 시의 언어와는 달리 일상어와 구분되져야 할 것이다. 옛날에는 동서양을 막론하고 시어가 따로 존재한다고 믿은 적이 있었다고 한다.

결론적으로 일상어도 시어가 된다는 견해이다. 현대 시인들은 대부분 구어를 사용하고 있어서 이런 측면에서 보면 현대시에서는 이미 시어라는 개념이 없어졌다고 할 수 있다. 그러나 현대 시학에서는 시어라는 개념보다는 비유를 시적 본질로 생각하고 이를 탐구하고 있는 경향이다. 어쨌거나 '시어는 언어를 초월한다'는 말을 새길 필요는 있다. 언어의 영역을 초월하는 데에 정제된 시어의 참맛이 있고 시의 진실을 음미할 수 있을 것이다. 단순한 아무 단어나 시에 모두 도입할 수도 있지만, 시의 구성 조직과 긴밀한 관련을 가지고 그 시어 하나하나가 우리에게 미래를 지향하는 사물의 이미지를 부각시켜야 한다. 상실된 인간성 회복에 신선한 향기를 주고 만유(萬有)의 사물 본질을 새롭게 파악할 수 있는 심미안을 길러주어야 한다. 실제로 현대시는 시어의 선택에도 대담해졌다. 금기된 언어와 쌍말까지 등장하는가 하면 너무 의미를 강조하다보니 난해시도 낳게 되었다.

한편 욕설과 언어폭력이 삼류 잡지 지면처럼 난무하는 예도 있다. 시가 무섭다고 어떤 독자는 말했다. 시 속에서 피가 흐르고 까부시고 죽이는 언어의 섬짓함뿐만 아니라, '가자 피양으로', '양키 점령군'이라는 이데올로기적 함성의 언어도 우리의 정서에 시라는 가면으로 접근하고 있다. 작년인가 금강산에서 결성되었다는 북쪽 작가들과 남쪽의 소위 진보작가(민작계열)들의 '6.15민족문학인협회' 창립식에서 낭독해 박수를 받았다는 '조국은 하나다 / 권력의 눈앞에서 양키 점령군의 총구 앞에서 / 자본가 개들의 이빨 앞에서(김남주의 「조국은 하나다」에서)'는 반미선전문구 같은 것을 시라고 강변하는데는 할 말을 잊게 된다. 그러나 이런 직설언어이든, 한자이든, 외래어이든 또는 추상 관념어이든 관계없이 시어가 될 수 있지만, 중요한 것은 그런 언어들이 시 전체의 앞뒤 문맥에 따라 어떤 자리에 놓이고 구체적으로 어떤 이미지로 바꿀 수 있는가하는 언어의 용법에 더 익숙해져야 한다는 점을 강조해 두고자 한다.

우리가 시는 언어 예술이라고 강조하면서 시인이 자긍심을 갖는 연유도 순수한 우리말인 토착어를 발굴하는 것이나 언어에 함유된 민족의 풍습, 역사 등을 이해는 등 우리말을 갈고 닦아야하는 책무 같은 것도 시인들은 알아야 할 것이다. 비감의 언어로 잘 짜여진 비단폭 같은 시라면 누구나 공감할 수 있으리라 믿기 때문이다.

4. 시인은 언어의 무법자인가

한편, 우리가 시를 읽다보면 국어사전에도 없는 생소한 단어를 대하는 수가 간혹 있으며 어떤 시는 우리 맞춤법에서 정한 띄어쓰기나 문장법 등을 무시한 채 표현된 예를 볼 수 있다. 이를 들어 '시인은 언어의 무법자'라는 극단적인 표현까지 나오고 있다. 이는 아마도 시인이 직접 적절한 언어를 새로 만들어 사용하는 것과 때로는 개인의 취향 또는 호흡 조절을 위해서 붙여쓰는 것을 용납할 수 있다는 의미가 함축되어 있는 게 아닌가 생각된다.

우리는 아직 신조어(新造語)에 대해서는 그렇게 익숙하지가 않다. 그것은 억지로 만든 단어가 독자들에게 쉽게 받아들여질 리도 없고 그 의미의 이해에도 별로 도움이 되지 못하기 때문일 것이다.

머언 산 青雲寺 / 낡은 기와집 // 山은 紫霞山 / 봄눈 녹으면 //
느릅나무 / 속ㅅ잎 피어가는 열두 구비를 / 青노루 / 맑은 눈에 //
도는 / 구름

박목월 시인의「靑노루」에서 보는 것처럼 '청노루', '청운사'. '자하산' 등이 모두 상상속의 사물이다. 하도 많이 읽어서 그런지 낯설지는 않아 보인다. 박목월 시인은 '靑石 돌담'이니 '남도 삼백리', '보랏빛 石山', '水晶 그늘'. '砂礫質' 같은 상상의 신조어를 많이 구사하고 있어서 특이하다.

김춘수 시인의「꽃」에서 '내가 그의 이름을 불러주기 전에는 / 그는 다만 / 하나의 몸짓에지나지 않았다 / 내가 그의 이름을 불러 주었을 때 / 그는 내게로 와서 / 꽃이 되었다'는 것 처럼 한 사물에 시인이 적절하고 아름다운 명명과 의미를 부여했을 때 비로소 그 사물은 시가 되는 것이다. 이렇게 신조어이든 일상어이든 그 작품에서 가장 적절한 언어의 조합이냐, 그 조합 자체가 시인이 사물에 대한 인식과 시정신의 발상에 효과적이라면 모두 시의 언어로 가능하다는 말이 된다. 사실 필자도 초기에 흥미를 가져 '홑꽃잎 뒤풀이', '안개꽃 시대' 등의 신조어를 시도해 본 경험이 있었으나 어쩐지 낯이 설었던 것을 감출 수가 없다.

이는 어떻게 보면 시인은 단순한 현실의 상황을 그대로 말하며 나타내는 것이 아니라, 현실에서 약간 동떨어진 것을 기본으로 하여 어떤 창조상의 세계를 작품에서 보여주어야 하는 시인의 고충이기도 할 것이다. 의미를 나타내는 언어, 이미지를나타내는 언어, 그것들을 구사하고 서로 섞여져서 조합하면서 시인의 감동과 사유(思惟)를 더욱 깊이 형용하거나 비유, 상징 등의 방법으로 복잡한 내용을 단적으로 생생하게 묘사하기 위한 한 방법으로서의 언어가 중요하기 때문이다.

한편, 요즘 현대시에서도 간혹 대할 수 있는데 특히 이상 시인은 띄어 쓰기를 무시하는 것은 그의 작품 전부가 그러하다고 해도 과언이 아니다. 그의「烏瞰圖-詩第十五號」에서 이를 확인해 보자.

나는거울업는室內에잇다. 거울속의나는역시外出중이다. 나는至今거울속의나를무서워하며떨고잇다. 거울속의나는어디가서나를어떠케하랴는陰謀를하는中일가.

그러나 시의 목적과 시정신적 측면에서 보면 언어의 횡포가 되기 싶다. 간혹 맞춤법에 정한 문장부호를 생략하거나 무시하는 예는 지금도 흔히 볼 수 있다.

이밖에도 '때묻은 언어' 또는 '죽은 언어-사어(死語 : obsolete word)'가 있다. 일상어는 다양한 개념과 통념을 지니고 있다. 가령 '꽃과 같이 아름답다'라는 형용은 아름답다는 말 그대로 한번의 개념만 줄뿐이지 자기가 느낀 아름다움의 본질은 표현되지 않고 있다. 시인은 과갑하게 이 때묻은 표현을 깨뜨려야 한다. 이처럼 시의 언어(곧 시어)도 시대적 변화에 따라 역시 변하지 않으면 안 된다. 너무나 많이 사용하여 식상하거나 시대에 역행하는 언어들은 자제하는 것이 시의 위의나 시인의 위상에도 품위를 갖게 되는 것은 당연하다. 그렇다. 언어는 시 속에서 우리에게 존재를 보여주는 등불이 된다. 존재의 영역은 존재가 언어를 통해서 나다나는 범위에 국한하는데 가령 캄캄한 밤에 성냥을 켰을 때 성냥불이 비춰주는 그 범위만 환하게 눈에 보일 것이다. 이것은 암흑(또는 無) 속에 나타나는 존재의 모습과 같다고 할 수 있다.

또한 시의 언어는 일상생활에서 단순하게 의사를 전달하는 논리적인 기능보다는 정서적인 기능을 중시하는데 모든 사물과 관념의 시적 대상물에 대한 아름다움과 진실을 지적으로 판별하는 것은 물론, 언어가 지닌 음향, 즉 음악적인 미묘한 요소가 결합하고 있어서 신비하고 오묘한 맛이 조화를 이룬다고 할 수 있다. 특히 우리의 일상적인 담론에서도 말하는 주체(화자)가 있고 말하려는 화제가 있으며, 그것을 듣는 청자(聽者)가 있어야 가능하다. 이처럼 시에서도 화자(話者)의 표정과 상황, 그리고 담론(언어)에 따라서 독자(청자)에게 전달되는 시적 메시지가 어떠할까하는 문제에 직면하게 된다.

그래서 작품에 등장하는 '나', '너' 혹은 '그'라는 인칭대명사를 묘사하는 예를 흔히 볼 수 있는데 사물이나 관념을 의인법으로 처리했을 때는 시적 정감이 상승하지만,실제로 '나'를 표현했다면 이것은 자신의 독백이 되고 말 것이다. 그러나 화자의 언술에서 시의 본령인 비유나 상징으로 처리하여 화자가 은폐되는 경우도 있다. 어찌보면 이런 경우가 더욱 바람직한 시가 되지 않을까 싶기도 하다.

또한 화자가 감추어진 채 상황만 설정하고 누구의 어조로 들려주는 것인지가 불명확하다. 그러나 화자의 어조(語調 : tone)는 분명하다. 이 어조는 음질, 음량, 템포, 억양, 강약, 고저 등에 의해서 시인이 무엇(주제)을 말하려는지(독자에게 어떤 메시지를 전할 것인지)를 명징하게 드러내는 것이다.

현대시에서는 이런 화자와 그 어조를 통해서 반어법, 풍자, 역설법 등 다양한 표현기법으로 그 의미적 요소를 이해하려 하지만, 작품 전체를 이야기로 전개하여 주제를 적시하는 경향도 많이 나타나고 있다. 시인이 어떤 사물에 관한 스토리를 전개하여 작품 전체에 포괄되는 의미를 추적하는 작법이다. 이것을 스토리 텔링(story telling)이라고 하는데 소설에서의 주된 기법이지만, 시에서도 많이 적용하고 있음에 유의하게 된다.

여기에서도 누가(화자) 어떤 목소리(어조)로 이야기(주제)를 들려주느냐하는 문제는 현대시와 언어의 불가분적 관계와 그 중요성을 우리는 이해하게 될 것이다. 하물며 하이데거가 '언어는 존재의 집'이라고 말한 것을 보면 이 언어 속에 존재의 거창한 문제가 깃들어 있어서 시인의 지적사유에는 낡아 버린 관념어(美辭麗句처럼 非詩的 언어)의 사용을 자제하고 자신의 언어계발에 몰입해야 하는 이유가 될 것이다. 그것이 우리 시인들의 숙명적 과제이다. 그래서 우리들은 그 자리에 놓일 가장 적합한 단어 하나를 찾기 위해 날밤을 새우는 고충도 감수해야 하는 운명인지도 모른다.

서대문문인협회 임원명단

직책	성명	연락처	장르	직책	성명	연락처	장르
고문	김병총	010-9055-8774	소설		권미향	019-354-0879	수필
	이상보	010-9055-8774	수필	감사	김재기	010-9025-3236	시
	강인섭	010-5222-5657	시		한재서	011-771-7968	시
	박진환	010-9968-6786	시	상임이사	이강홍	010-3720-7577	시, 수필
	서석규	011-9006-2951	아동문학	이사	임수홍	010-9168-7739	시
	김계덕	010-2374-1418	시		신덕재	011-9770-0336	시
	성준기	010-2077-9353	희곡		문군자	010-3213-8969	시
	김환옥	011-257-9534	문화		임관용	016-316-2527	시
	장원의	010-5275-6146	시, 수필		김진중	010-6863-4114	시
명예회장	김선대	010-2014-7547	아동문학		백수복	010-3745-7089	수필
자문위원장	김송배	010-3797-8188	시		노연식	011-9073-8014	시
자문위원	강석호	010-5219-0272	수필		김시현	010-6336-6943	시
	한분순	010-5304-0397	시조		이상현	010-7170-2572	시
	정광수	010-6660-3674	시		권영미	010-2885-9359	시
	신순애	010-2275-0512	시조		서수옥	010-8468-4497	시, 시낭송가
	이강수	010-3955-1942	수필		조동순	010-5702-5027	시
	임춘원	010-7656-2560	시		임동후	010-3267-4858	아동문학
	이종기	010-5533-2959	시조		류미경	017-364-4550	시
회 장	서성택	010-5233-7829	시		성시호	010-6248-2211	시
부회장	차혜숙	010-6232-2569	수필		김철영	010-5387-5759	시
	최금녀	010-2247-0110	시		김지원	010-8758-2350	시
	우숙자	010-4372-0109	시조		이 산	010-5472-0202	시
	신예문	010-2275-0512	시		김창란	02-379-8129	수필
	김병걸	010-3704-4042	시		송충순	010-9217-7619	시
	이성남	010-8912-3888	시		홍종희	011-307-8588	시
	문혜관	010-5236-9520	시		한규동	010-5390-5656	시
	신근철	011-9759-5678	시		배석술	011-729-4618	시
	강병남	010-5233-5300	수필		최석명	011-711-2585	시
	김한석	010-8831-7108	시		임연건	010-7166-5645	시
	이영순	010-5341-2045	시	편집국장	김가원	010-6301-4065	시
	정일옥	010-4504-3361	수필	홍보위원장	이미영	010-3592-6047	시
	유지희	010-3362-9672	시	홍보부위원장	서미숙	010-5703-3702	수필

서대문문인협회 **회원명단**

NO	성명	우편번호	주 소	연락처	비 고
			시		
1	강인섭	120-110	서대문구 연희동 현대빌라 3-302	010-5222-5657	고문
2	강춘장	120-857	서대문구 홍제3동 268-49 101호		
3	겨레돌	120-090	서대문구 홍제동 456 성원Ⓐ 102-1702	010-7170-2572	이상현/이사
4	곽종용	120-100	서대문구 홍은동 461-2 홍은센트레빌Ⓐ 301-202	011-226-0309	
5	권영옥	122-082	은평구 신사2동 307-12	010-6304-3707	
6	김가원	120-859	서대문구 홍제1동 홍제현대Ⓐ 107-808	010-6301-4065	편집국장
7	김경영	120-092	서대문구 홍제동 삼성레미안Ⓐ 103-103	010-2856-6824	
8	김계덕	120-796	서대문구 현저동 독립문 극동Ⓐ 109-1701	010-2374-1418	고문
9	김광림	120-847	서대문구 홍은3동 281-7 일향빌라 302호	02)391-1736	
10	김덕조	120-091	서대문구 모래내로 24가길 서건빌라 401호	017-717-9790	
11	김병걸	110-054	종로구 사직동 9 풍림스페이스본 105-203	010-3704-4042	부회장
12	김삼환	120-100	서대문구 홍은동 454 극동Ⓐ 106-607	016-495-9177	
13	김서정	120-091	서대문구 남가좌1동 104-4		
14	김성자	120-132	서대문구 북가좌2동 458 가재울아이파크Ⓐ 101-1201	019-439-0590	
15	김송배	120-825	서대문구 연희로 11사길 16-4	010-3797-8188	자문위원장
16	김수린	120-090	서대문구 홍제동 453 무악청구Ⓐ 102-505	010-7277-2870	김종수
17	김시현	412-719	경기도 고양시 덕양구 행신3동 903 햇빛마을 1911-602	017-336-6943	김시철/이사
18	김양님	120-857	서대문구 홍제3동 241-44	010-7568-8569	
19	김영순	120-786	서대문구 홍제4동 무악청구Ⓐ 113-205	011-774-8586	
20	김재기	122-880	은평구 신사1동 6-9 신성맨션 402호	011-9025-3236	감사
21	김종제	122-910	은평구 응암1동 114-1 신진자동차고등학교	010-6776-4893	
22	김지원	120-013	서대문구 충정로3가 32-7 건영빌라 1-301	02) 313-2377	이사
23	김채영	425-722	경기도 안산시 단원구 고잔2동 주공Ⓐ 537동303호	010-3280-9615	이사
24	김철영	120-841	서대문구 홍은2동 8-1093 청암빌라 310호	010-5387-5759	이사
25	나동환	120-796	서대문구 현저동 독립문 극동Ⓐ 108-1804	02) 383-4559	이사

서대문문인협회 회원명단

NO	성명	우편번호	주 소	연락처	비 고
26	노연식	120-111	서대문구 연희1동 669 4층	010-7573-8014	이사
27	노정애	120-170	서대문구 대현동 142-8	010-4762-6331	
28	박민영	120-704	서대문구 의주로 91(미근동 209)경찰청 409호실 기본과원칙구현추진단	018-249-9110	
29	박종숙	120-773	서대문구 홍은2동 454 홍은극동Ⓐ 102-1006	011-9939-4986	
30	박진환	120-092	서대문구 홍제2동 96-4 3층	010-9968-6786	고문
31	박찬현	122-072	은평구 역촌2동 59-41 삼성쉐르빌 302호	010-2733-5280	이사
32	박희성	130-092	서대문구 홍제2동 145-25 공익빌라 116호	016-355-3943	
33	배석술	120-130	서대문구 북가좌동 326-5 궁중칼국수아구찜	011-729-4618	이사
34	백종미	120-857	서대문구 홍제3동 9-46	010-3121-9697	
35	서성택	120-110	서대문구 연희동 45-3흥륜빌라 B동 201호	010-5233-7829	회장
36	성기조	120-013	서대문구 충정로3가 465 충정리시온빌딩 423호	016-228-3013	고문
37	성찬경	120-110	서대문구 연희동 90-4	02) 302-6717	
38	송세희	120-766	서대문구 북가좌2동 삼호Ⓐ 104-107	017-217-5085	
39	송충순	120-783	서대문구 홍제3동 455 현대그린Ⓐ 101-1403		이사
40	신성종	120-833	서대문구 창천동 114-8	010-2015-0217	
41	신근철	120-800	서대문구 남가좌2동 5-322	011-9759-5678	부회장
45	오홍원	443-810	경기도 수원시 영통구 영통동 958-2	010-2751-6603	
46	옥태순	120-782	서대문구 홍제2동 82 한양Ⓐ 109-202	010-3315-3629	
47	유지희	120-101	서대문구 홍은1동 440-1 반석블레스Ⓐ101-401	010-3362-9672	부회장
48	이강홍	120-771	서대문구 홍은1동 437-9 문창과 교수실	010-3720-7577 02) 300-1097	상임이사
50	이경자	120-130	서대문구 북가좌동 북가좌현대Ⓐ 102-905	010-2809-4620	
51	이다경	134-080	강동구 고덕동 494 고덕시영Ⓐ 28-502	011-9061-0429	
52	이독밀	120-842	서대문구 홍은1동 11-384 2층	010-2718-6507	이경화
54	이동창	120-848	서대문구 홍은2동 377-11	019-382-3636	
55	이문재	120-190		010-9776-7027	

서대문문인협회 회원명단

NO	성명	우편번호	주 소	연락처	비 고
56	이미영	120-771	서대문구 홍은1동 455 벽산Ⓐ 117-1504	011-592-6047	다향/홍보위원장
59	이성남	120-080	서대문구 현저동 독립문 극동Ⓐ 116-717	011-9912-3888	부회장
60	이세룡	120-768	서대문구 영천동 100 독립문삼호Ⓐ 102-1307		
61	이수진	120-865	서대문구 북아현3동 1-451 3층	010-7351-3217	은림
62	이준모	122-748		010-9497-4149	
63	임관영	120-092	서대문구 홍제2동 홍제원현대Ⓐ 114-904	016-316-2527	
64	임춘원	120-828	서대문구 연희1동 219-16	010-7656-2560	자문위원
65	장호찬	120-846	서대문구 홍은3동 265-92	017-395-0036	
66	정연복	120-772	서대문구 홍은3동 홍은현대Ⓐ 203-1207	010-7934-9966	
67	정일옥	120-180	서대문구 창천동 52-111	010-4504-3361 02) 337-4367	이사
68	주병오	120-110	서대문구 연희동 740 성원Ⓐ 103-1802	011-201-5375	
69	지 수	120-160	서대문구 대신동 128-5 명래하우 B02	010-5791-9141	이방원
70	진선애	120-130	서대문구 북가좌동 북가좌현대Ⓐ 102-202	02) 376-3493	
71	최관하	120-110	서대문구 연희1동 112-35 (26/5)	017-264-5097	
72	최금려	120-110	서대문구 연희동 123-9	010-2247-0110	부회장
73	최석명	122-825	은평구 녹번동 20-83	011-711-2585	이사
74	한광구	120-190	서대문구 북아현동 190-1 법무사	016-694-4130	
75	한규동	122-822	은평구 구산동 162-1 경향파크2동 805호	010-5390-5656	이사
76	한재서	120-110	서대문구 연희동 740 성원Ⓐ 102-1803	011-771-7968	감사
77	현상길	120-102	서대문구 홍은2동 460 풍림아이원 107-1002	017-280-2916	
시 조					
78	문혜관	120-848	서대문구 홍은3동 328 불교문학 포교원	010-5236-9520	부회장
79	신순애	121-861	마포구 아현2동 659-3	010-9610-0228	자문위원
80	양혜순	122-200	은평구 진관동 165-32 서울은진초등학교	010-5457-1366	
81	우숙자	120-122	서대문구 남가좌2동 376 현대Ⓐ 104-804	010-4372-0109	부회장
82	원동은	120-768	서대문구 영천동 100 독립문삼호Ⓐ 106-303	02) 365-6028	

서대문문인협회 회원명단

NO	성명	우편번호	주 소	연락처	비 고
83	이양순	137-840	서초구 방배4동 881-26 방배대림2차 e편한세상 201-302	010-8292-1125	
84	이영주	120-825	서대문구 연희1동 118-1	018-283-8958	
85	이영지	120-815	서대문구 북가좌동 3-218 101호	010-8292-1135	
86	이옥례	120-815	서대문구 북가좌2동 339-11	02) 981-7415	
87	이윤주	120-090	서대문구 홍제동 무악재 무악청구Ⓐ 105-705	010-7588-9545	
88	이종기	120-837	서대문구 충정로3가 1-22호 새문학신문사	010-5533-2959	자문위원
89	장미라	120-806	서대문구 남가좌2동 330-35	011-294-2817	
90	한분순	120-768	서대문구 영천동 100 독립문삼호Ⓐ 108-902	010-5304-0397	자문위원
91	황순구	120-090	서대문구 홍제동 455 현대그린Ⓐ 102-909	016-291-1018	
			민 조 시		
92	김진중	120-080	서대문구 현저동 101	010-6863-4114	
			소 설		
93	강신성	120-090	서대문구 홍제동 461 삼성래미안Ⓐ 104-201	010-4516-6958	
94	김병총	120-852	서대문구 홍제3동 6-33 홍산빌라 201호	010-5304-2316	김성택/고문
95	김연옥	120-765	서대문구 북가좌동 연희한양Ⓐ 4-1403	02) 307-8129	
96	백우암	122-491	은평구 응암로 25길 14 서안주택12차 302	02) 335-1097	
97	신덕재	120-807	서대문구 남가좌2동 344-35 중앙치과	011-9770-0336	이사
98	안 휘	120-816	서대문구 북가좌1동 380-13 201호	010-2575-7880	
99	유현주	120-859	서대문구 홍제1동331 홍제신현대Ⓐ 101-1008		
100	최강록	120-190		02) 312-6658	
101	한말숙	120-190	서대문구 북아현동 1-316	011-343-3687	
			희 곡		
102	곽노흥	120-090	서대문구 홍제동 318-18 서울문화예술대학교 연극예술학과	010-6201-4168	교수
103	김교식	140-713	용산구 이촌1동414 동부센트레빌Ⓐ 101-1603	011-276-3031	

서대문문인협회 회원명단

NO	성명	우편번호	주 소	연락처	비 고
104	노경식	120-861	서대문구 홍제1동 361-25 3층	011-5294-5220	
105	성준기	120-103	서대문구 홍은3동 미성Ⓐ 1-106	010-2077-9353	고문
			평 론		
106	고노에이지	120-150	서대문구 봉원동 42-19 백용기씨댁	010-6602-3892	
107	고영자	120-800	서대문구 남가좌2동 3-109		
108	유창근	120-100	서대문구 홍은동 명지전문대 문예창작학과	010-3360-7585	
109	정광수	120-796	서대문구 현저동200 극동Ⓐ108-1704 해동문학	010-6660-3674	자문위원
110	조병춘	120-100	서대문구 홍은2동 454 극동Ⓐ 106-1407	017-232-3142	
111	홍문표	120-848	서대문구 홍은3동 397-26	016-324-6680	고문
			수 필		
112	강병남	120-825	서대문구 연희1동 137-13 남강빌딩 5층	010-5233-5300	부회장
113	강석호	110-240	종로구 경운동 88 수운회관 1308호	010-5219-0272	자문위원
114	권미향	120-846	서대문구 홍은3동 265-338 동호맨션 102호	019-354-0879	부회장
115	김은희	120-091	서대문구 홍제1동331 홍제현대Ⓐ 105-607	010-3150-8515	
116	김정숙	120-825	서대문구 연희1동 109-12	02) 867-2426	
117	김창란	120-771	서대문구 홍은1동 벽산Ⓐ 103-703	011-221-0162	이사
118	김한석	120-768	서대문구 영천동 100 독립문삼호Ⓐ 103-1804	011-9831-7108	부회장
119	단 비	120-113	서대문구 연희3동 성원Ⓐ 103-901	02) 373-3152	이경우
120	류미경	120-772	서대문구 홍은3동 홍은현대Ⓐ 101-705	017-364-4550	이사
121	박경빈	120-090	서대문구 홍제동 무악재 무악청구Ⓐ 110-306	011-447-8487	
122	백수복	120-782	서대문구 홍제2동 82 한양Ⓐ 105-306	010-3745-7089 02)2205-4697	이사
123	성시호	120-130	서대문구 북가좌동 431 한양Ⓐ 1-112	010-6248-2211	이사
124	신정화	120-100	서대문구 홍은2동 206-18 유림빌라 103호	02) 305-0378	
125	심문선	120-091	서대문구 홍제1동157-68 광산Ⓐ A-102	011-786-0924	
126	윤종안	120-110	서대문구 연희동 217-1	010-6284-1222	

서대문문인협회 회원명단

NO	성명	우편번호	주 소	연락처	비 고
104	노경식	120-861	서대문구 홍제1동 361-25 3층	011-5294-5220	
127	이금희	120-771	서대문구 홍은1동 벽산Ⓐ 102-902		
128	이명환	120-825	서대문구 연희동 90-4A	010-7197-6717	
129	이미자	120-110	서대문구 연희동 연희성원Ⓐ 103-503	011-9884-5905	
130	이병도	120-833	서대문구 창천동 4-22	02) 392-0916	
131	이상보	120-103	서대문구 홍은3동 186-1 미성Ⓐ 5-601	010-9855-8774	고문
132	이재하	120-092	서대문구 홍제2동 453 청구1차Ⓐ 111-102	018-280-0297	
133	이진화	120-832	서대문구 연희1동 432-45 현대빌라 302호	010-6816-6899	
134	이희자	120-130	서대문구 북가좌동 431 한양Ⓐ 2-1106	02) 305-6840	
135	임수홍	134-010	강동구 길동 395-3 2층 도서출판 국보	010-9168-7739	이사
136	장원의	120-120	서대문구 남가좌1동 293-5 장안과의원	010-5275-6146	고문자문역
138	정수현	120-852	서대문구 홍제3동 454 유원하나Ⓐ 102-1204	02) 395-6106	
139	정연숙	139-200	노원구 상계동 주공Ⓐ 7단지 716-1205	017-285-0335	
140	정준영	120-111	서대문구 연희1동 187-23	02)332-5543	
141	조성우	120-080	서대문구 현저동 101-289	011-9275-5189	
142	차혜숙	120-815	서대문구 북가좌2동 334-1	017-232-2569	부회장
143	필영희	120-758	서대문구 남가좌동 376 현대Ⓐ 102-1905	02) 304-6316	
144	황유성	120-816	서대문구 북가좌1동 349-1 (19/7)	011-9937-1245	
145	홍종희	302-122	대전시 서구 둔산로 2가 213 청솔Ⓐ 2-303	011-307-8588	이사
			청소년 문학		
146	신인수	120-835	서대문구 창천동 114-8(21/1)1층 이종원씨댁		
			아동 문학		
147	김선태	120-857	서대문구 홍제3동 273-192 노블하우스 501	010-2014-7547	명예회장
148	김정옥	120-091	서대문구 홍제2동 무악청구Ⓐ 102-1402	010-9100-8001	
149	김한청	120-851	서대문구 홍은동 산26-127 명지초등학교	019-396-5150	교무실
150	박두순	120-764	서대문구 홍제3동 문화촌현대Ⓐ 102-1009	010-8224-8548	

서대문문인협회 회원명단

NO	성명	우편번호	주 소	연락처	비 고
151	서석규	120-807	서대문구 남가좌2동 361-4	011-9006-2951	고문
152	손연자	120-113	서대문구 연희3동 740 성원Ⓐ 103-602	011-899-3863	
153	심혁창	120-821	서대문구 북아현동 221-11 한글M	010-6788-1382	
154	엄예현	120-774	서대문구 홍은동 454 극동Ⓐ 102-1504	010-2335-5322	
155	윤일숙	120-825	서대문구 연희동 117-10 햇빛출판사	02) 719-4927	
156	임인진	120-832	서대문구 연희1동 446-165	010-7166-5645	이사
157	정영애	120-113	서대문구 연희3동 연희B지구 성원Ⓐ103-1092	019-208-0534	
158	최월금	120-857	서대문구 홍제3동 266-250	02) 395-1640	
159	최인영	120-845	서대문구 홍은3동 산11-244 새한숲속마을 701호	02) 352-5226	
160	한창희	122-010	서대문구 북가좌1동 144번지 DMC래미안 e-편한세상 307동 502호	011-524-9779	
			문화 분과		
161	김환옥	120-825	서대문구 연희동 88-30	011-257-9534 02) 3217-1592	고문
162	서수옥		서대문구 홍은동 274-58 데미안 빌 202호	010-8468-4497	이사

서대문문학

2013 서대문문학 제10호

– 편집후기 –

우리 서문협의 단합된 마음과 문학의 산실을 알린 안산에서의 책 무료 나누어주기, 춘계문학기행 순천만 정원박람회, 호국정신을 상기시킨 독립관에서의 전국 초. 중. 고 백일장, 이성남 부회장님의 출판기념회 초대와 더불어 추계문학기행의 여정을 보낸 문경세재, 독립공원에서의 만추의 시 낭송회, 김송배 이사장님, 김병총고문님, 김병걸 이사님, 연이은 출판기념회와 2013년 한 해 동안 시집과 수필집을 상재하신 작가님들께 축하말씀 드리며 다채로운 행사 끊임없이 이어오면서, 동분서주 애써주신 이강흥 상임이사님을 비롯해 많은 사랑 쏟아주신 임원진외 회원님들께 깊은 감사드립니다. 알찬 결실과 더불어 대망의 새해 맞이하시기를 기원합니다.

흰 눈 쌩쌩 날리는 날에,
편집국장 김 가원

초판인쇄일 2013년 12월 19일 판 1쇄 펴냄
초판발행일 2013년 12월 26일 판 1쇄 펴냄

발 행 처 서대문문인협회
발 행 인 서성택
편집위원장 이강흥
편집국장 김가원
편 집 인 이영순 · 신예문 · 유지희 · 이미영 · 이상현 · 김진중
서울시 서대문구 연희동 45-3
이메일 hyanggisea@hanmail.net
홈페이지 http//cafe.daum.net/sdmmh

펴 낸 곳 국보문학
펴 낸 이 임수홍
주 소 서울시 강동구 길동 395-3 2층
전 화 (02) 476-2757~8, 7260
팩 스 (02) 476-2759
E-mail kbmh22@hanmail.net

값 12,000원

•

ISBN 978-89-93533-65-1 03800